润泽儿童生命:幼儿园安全教育课程

徐途琼 刘 敏 李晓利 等 著

科学出版社

北 京

内 容 简 介

本书以《幼儿园教育指导纲要（试行）》中幼儿健康领域目标为依据，围绕幼儿身心健康发展、幼儿安全教育主要方面，从课程建设背景、课程构建、课程实施、课程评价、课程管理五个方面践行幼儿园安全教育课程体系建设。在课程背景与课程理论的指导下，通过设计与实施幼儿园安全教育主题活动，撰写幼儿安全课程故事，形成指向幼儿安全的教育课程。

本书可以作为学前教育专业的教师培训用书，也可作为学前教育研究者和幼儿园一线教师实践的参考用书。

图书在版编目(CIP)数据

润泽儿童生命：幼儿园安全教育课程 / 徐途琼等著. — 北京：科学出版社，2024.1（2025.1 重印）
ISBN 978-7-03-076269-6

Ⅰ.①润… Ⅱ.①徐… Ⅲ.①安全教育-教学研究-学前教育 Ⅳ.①G613.3

中国国家版本馆 CIP 数据核字（2023）第 165375 号

责任编辑：钟文希　侯若男 / 责任校对：彭　映
责任印制：罗　科 / 封面设计：墨创文化

科 学 出 版 社 出版

北京东黄城根北街16号
邮政编码：100717
http://www.sciencep.com

四川青于蓝文化传播有限责任公司印刷
科学出版社发行　各地新华书店经销

＊

2024 年 1 月第　一　版　　开本：787×1092 1/16
2025 年 1 月第二次印刷　　印张：10 1/2
字数：249 000
定价：85.00 元
（如有印装质量问题，我社负责调换）

编 委 会

(按照姓氏拼音排列)

序

幼儿园应当是最阳光、最安全的地方之一。党中央、国务院高度重视幼儿园安全工作，出台了一系列文件引领幼儿园安全工作方向。2023 年 5 月，习近平总书记在中共中央政治局第五次集体学习时强调"要推进学前教育普及普惠安全优质发展"。《中共中央 国务院关于学前教育深化改革规范发展的若干意见》提出"幼儿园必须把保护幼儿生命安全和健康放在首位，落实园长安全主体责任，健全各项安全管理制度和安全责任制，强化法治教育和安全教育，提高家长安全防范意识和能力，并通过符合幼儿身心特点的方式提高幼儿感知、体悟、躲避危险和伤害的能力"。《国务院办公厅关于加强中小学幼儿园安全风险防控体系建设的意见》提出"将提高学生安全意识和自我防护能力作为素质教育的重要内容，着力提高学校安全教育的针对性与实效性。将安全教育与法治教育有机融合，全面纳入国民教育体系，把尊重生命、保障权利、尊重差异的意识和基本安全常识从小根植在学生心中"。《幼儿园保育教育质量评估指标》提出"幼儿园切实把安全教育融入幼儿一日生活，帮助幼儿学习判断环境、设施设备和玩具材料可能出现的安全风险，增强安全防范意识，提高自我保护能力"。这些政策的出台进一步明确了幼儿园安全教育的目标，提出了幼儿园安全工作的基本要求。

近年来，各地按照党中央、国务院的决策部署，把保护儿童生命安全和身心健康放在首位，建立科学合理的一日生活制度，积极做好卫生保健管理工作，加强安全与健康教育，促进儿童身体正常发育和心理健康，围绕幼儿园安全教育、安全管理、安全防范等进行了多方面的探索和实践，涌现出了许多幼儿园安全工作的先进作风、成功经验、典型案例等。四川天府新区华阳幼儿园以生命安全为中心，以一日生活为依托，将幼儿基本安全能力的培养融入幼儿一日生活中，注重通过幼儿园、家庭和社会的通力合作，共同努力保障幼儿健康快乐成长。本书具有以下特点：

一是内容丰富。该书不仅对幼儿园安全教育背景、安全教育课程构建、安全课程实施、安全课程评价、安全课程管理等理论问题进行了较为系统的梳理分析，而且对小、中、大班十多个安全教育主题活动进行了较为详细的介绍，并且难能可贵地分享了教师们在实施安全教育过程中的课程故事。

二是操作性强。该书呈现的安全教育主题活动和安全教育课程故事均来自幼儿园教育实践。安全教育主题活动较为详细地介绍了主题由来、主要内容、教育目标、活动规划、典型活动、反思与生成等内容，安全教育课程故事则重点围绕观察与描述、分析与反思、教育策略与教育效果进行介绍，能够为幼儿园安全教育工作提供借鉴和参考。

三是真实生动。幼儿园的美好不只是校园里的一草一木、一园一景，更是与心灵、情感、智慧、意志等方面有关的点点滴滴。有故事才有温度，幼儿园才能成为儿童成长的乐园，故事有多丰富，校园就有多美好。该书呈现的安全教育课程故事不仅记录了幼儿安全教育过程中的精彩时刻，生动地再现了安全教育发生、发展的真实情景，而且呈现了教师根据教育目标、幼儿兴趣需要及已有经验等给予适宜的回应、支持与反思，真实地记录了教师在安全教育过程中的亲身经历、内心体验、理解和感悟，并提出了有针对性的改进方法、策略和思路。

安全无小事，幼儿园安全教育永远在路上。期待幼儿园能够进一步加强对幼儿安全教育相关理论和政策的学习，牢固树立安全第一的意识，进一步创新幼儿园安全教育的方法和策略，切实把安全教育融入幼儿一日生活，为幼儿安全、快乐成长保驾护航！

高丙成

2023 年 9 月 20 日

中国教育科学研究院

前　言

随着社会发展，幼儿的生活质量、生存质量、生命质量受到社会的强烈关注，作为幼儿教育行业中的一员，我们肩负着不可替代的责任与使命。北京师范大学副教授刘馨在对《3～6岁儿童学习与发展指南》健康领域进行解读时提到，"幼儿的安全生活能力是保证自身生命安全、维护自身健康必备的基本能力"。因此，孩子在幼儿时期应具备基本的安全知识和自我保护能力。为了给幼儿的生命安全、身心健康提供坚实的保障，让幼儿能提升生活能力和平安生存能力，结合幼儿教育一线工作实际，整合各方面资源构建了幼儿园安全教育课程。

本书的编写立足一线幼儿教育工作者对幼儿园安全课程实践的探索，经过九年多的一线教学实践与检验，形成理论与实践有机结合的幼儿园课程。最难能可贵的是，实践部分的文本均来源于幼儿园安全课程实施的"第一现场"，资料文本案例的收集、观察及访谈，都是来自四川天府新区华阳幼儿园一线教师队伍和幼儿一起学习与成长的真实经历。

本书第一章"幼儿园安全教育概述"，从整体上对幼儿园安全课程建设的整个过程进行了梳理，剖析了幼儿园安全课程建设的基本理念，介绍了课程实施架构的基本内容；第二章"绘出安全乐谱的主题活动"，提出了安全教育课程的实施路径与环境创设，列举了安全课程实践中幼儿比较容易发生危险的一些主题活动案例，为幼儿园安全课程的组织与开展起到了推动作用；第三章"奏响安全乐曲的课程故事"，将课程理论与实践相结合，生动具体地展现了教师在日常开展教育活动中记录下的一个个安全小故事，是教师们对幼儿安全教育活动观察的实时记录。

本书是四川天府新区华阳幼儿园一线教师大量心血与智慧的凝结，期望能够为想要开展幼儿园安全课程的园所起到借鉴和启发作用。

本书在编写过程中参考、引用与借鉴了许多国内外学者的研究成果，并在书中一一做了注明，在此表示衷心感谢，书中不足之处希望大家不吝指正。

目　录

第一章 幼儿园安全教育概述

幼儿健康、快乐发展的基础是拥有健康的身体和安全的生长环境。无论社会发展到什么阶段，安全问题始终是学校、家庭关注的重点。随着社会环境日益复杂，幼儿安全关系着家庭美好幸福生活，紧扣着每一个人的心。

第一节 幼儿园安全教育背景

儿童是社会主义事业的接班人、国家未来的建设者，其生命安全是开展教育教学工作的基础，是幼儿园每日教育教学活动的侧重点，是社会发展中必须重视的问题。安全的本质是对生命的保护，当下社会发展迅速，儿童面临着更加复杂的生长环境，我们不得不思考如何才能为儿童的安全成长保驾护航。

一、新时代倡导对美好生活的向往和追求

美好生活是一种安全的、积极向上的生活。满足人民对美好生活的向往和追求，就是努力解决人民日益增长的美好生活需要和不平衡不充分的发展之间的矛盾。在新时代背景下，人民的生命安全是一切社会实践活动的基础。

(一)美好生活的基础是安全的生活

党的二十大报告鼓励共同奋斗创造美好生活，不断实现人民对美好生活的向往。美好生活是新时代中国特色社会主义建设的新追求，从抽象意义上来讲，是人的感性与理性、物质与精神、肉体与灵魂协调发展的一种不断进步的生活姿态；从实践意义上讲，其既包括更高的物质文化生活水平，又包括民主、法治、公平、正义、安全、环境等方面的更高的精神文化生活水平。美好生活首先是安全的生活。安全事关民生福祉，事关社会经济大局发展。

(二)儿童健康成长是美好生活的重要基础

社会发展的根本目的是增进民生福祉，而人民的福祉建立在生命安全之上。珍视生命、安全发展，是践行全心全意为人民服务根本宗旨的重要体现，也是践行以人民为中心的发展思想的必然要求，更是新时代追求美好生活的必备条件。儿童作为祖国的未来和希望，是建设中国特色社会主义的接班人，其健康发展、安全成长是新时代美好生活的重要基础之一。因此，学校安全教育极其重要，这不仅是为追求美好生活创造有保障的环境，也是为人民实现幸福生活奠定坚实的基础。幼儿是社会成员中脆弱的群体，幼儿园作为基础教育的起始阶段，应从小培养幼儿的安全意识和安全自我保护能力，对幼

儿进行全面的、系统的安全教育，以保障幼儿健康快乐成长，让幼儿在幸福童年中感受新时代的美好生活景象，成为未来创造美好生活的关键群体。

(三)儿童健康成长是儿童全面发展的重要基础

儿童作为社会主义现代化建设的接班人，既是美好生活的享受者，也是美好生活的建设者，是教育需要重点培养的对象，因此从小就要对其进行素质教育，努力促进其德、智、体、美、劳的全面发展。全面发展的基础是拥有健康的身体，以及在复杂社会环境下的自我保护能力。只有在保障其基本生命安全的基础上才能去追求美好生活。因此，幼儿园安全教育可以看作是为全面实施素质教育、促进儿童全面发展而提供的强大动力保障。此外，对幼儿园开展安全教育也有助于"五育并举"教育方针的落实。具体而言，安全教育涉及的知识范围广阔，能帮助幼儿形成基本的价值判断和安全意识；其要求幼儿遵守一定的社会规则，有助于幼儿养成基本的道德品质和修养；安全教育还关注幼儿身体健康发展等方面，为幼儿德、智、体、美、劳全面发展奠定基础。

二、儿童生命安全是各学段教育政策的关注点

政策走向是课题研究参考的重要指标，在一定程度上，政策走向代表着当下教育研究的热点，也反映了当前教育实践中亟待解决的问题，是对现实需要的及时反馈。历来颁布的教育政策都将学生(幼儿)生命安全置于首要地位。

(一)学前教育阶段颁布的政策文件

《3～6 岁儿童学习与发展指南》是学前教育阶段的重要指导文件，其将幼儿园教育划分为五大领域，其中健康领域特别强调要促进幼儿身心健康发展，满足其生长发育的需要，同时要具备基本的安全知识和自我保护能力，幼儿园要结合生活实际对幼儿进行安全教育，要教给幼儿简单的自救和求救方法。《幼儿园工作规程》是为加强幼儿园科学管理，规范幼儿园办园行为而颁布的文件，其中有两个大章节专门阐述了幼儿园安全和卫生保健，直接说明了幼儿园安全教育的重要性。《中共中央　国务院关于学前教育深化改革规范发展的若干意见》中强调，要完善学前教育法律法规，促进幼儿健康快乐成长，为幼儿提供安全丰富的玩具，培育幼儿良好的卫生习惯和自我保护能力等。《幼儿园教师专业标准(试行)》中也提到教师要关爱幼儿，重视幼儿身心健康，将保护幼儿生命安全放在首位。

(二)义务教育阶段颁布的政策

关于中小学的安全管理或安全教育，教育部也出台了很多相关政策文件。2006 年教育部出台《中小学幼儿园安全管理办法》，对地方各级人民政府及其相关部门的安全管理职责与管理要求做出明确规定，是我国第一个专门针对中小学安全管理的政策文件。2018 年，国务院教育督导委员会办公室发布了《关于进一步加强中小学(幼儿园)安全工作的紧急通知》，要求积极做好校园安全督导工作，通过案例教学加强警示教育，努力提高学生的安全防范意识，学校(幼儿园)教师要把安全知识作为第一课教给学生。2020

年，教育部印发《大中小学国家安全教育指导纲要》，对小学、初中、高中（含中职）、大学各学段学生的安全教育目标作出了解释说明，并在主要内容、实施途径、管理与保障等方面作出了规范和要求。随后，国家还围绕消防安全、网络安全、法制安全和国防安全等方面出台了一系列与安全相关的政策文件。

无论是学前教育阶段颁布的文件，还是义务教育阶段出台的政策，一直以来都将学生(幼儿)的安全放在了教育的第一位，将其作为学校工作开展的基本条件。查阅相关政策不难发现关于安全类的文件是较为丰富的，是历来教育教学工作的重点要求，反映了当下教育教学中安全教育的重要性。

三、生命哲学是幼儿园安全教育的价值基点

生命与安全是同一个过程的两个方面，二者相辅相成，不可分割。生命的健康成长是安全的主要目标，而安全的环境又是生命成长的基本保障。对生命的本质思考，是幼儿园安全教育的前提。

(一)教育的本质是对生命的挖掘和追求

随着时代发展和社会精神文明的进步，教育的价值取向、个体在教育中究竟被置于何种地位等问题不断被论及。2021 年国务院印发了《中国儿童发展纲要(2021—2030年)》，文件中明确将"儿童与安全"作为战略主题列入总体战略规划中，并提出了一系列策略来保障儿童安全。随后，生命哲学成为教育研究中的热门视角，常被作为生命教育的理论基础进行价值探寻，即教育要以人为本，尊重个体生命的存在，培养个体主体精神，在保障物质生命的基础上追求精神生命，从而全面发展生命、提升生命质量。生命作为人的载体，构成了人类世界存在的根本，是人类社会赖以生存和发展的必要条件，没有人的生命基础，物质世界的一切将变得毫无意义。

(二)安全教育是生命教育的重要路径

马斯洛需要层次理论揭示了生理、安全、社交、尊重、自我实现的层级结构和递进关系，表明了人必须在满足了基本层次的"生理需求、安全需求"后，才会追求更高层次的需求。可见，个体生命安全是其一切社会实践活动的基础，而生命也是教育永恒的主题。根据生命哲学内容，教育重在珍爱生命、滋养生命、丰富生命，实现个体生命健康成长和展示个体生命表达，而这些正是幼儿园安全教育的目标和价值所在。安全教育是生命教育的外在形式和主要路径，因此在当下学前教育阶段从生命哲学视角开展生命教育研究时，也应从生命哲学的视角审视幼儿园安全教育，结合生命的本质来探寻幼儿园安全教育的意义和价值，对生命的维度和价值进行深入思考，对幼儿园安全教育进行准确定位。

四、复杂的社会环境使幼儿生命安全面临多方挑战

社会经济的快速发展在提高生活质量的同时，也增加了现代社会环境的复杂性和不稳定性，使幼儿生存环境存在许多安全隐患，威胁幼儿生命健康。

(一)社会环境的两面性使幼儿面临着更复杂的危险情境

随着科学技术的发展，我国在卫生保健领域取得了很大的进步，各种先进疫苗在很大程度上降低了幼儿的死亡率。但随着经济的发展，生活方式的改变、家用电器的普及、交通工具的增加、城市建筑的高层化等，又成为威胁幼儿生命安全新的因素。有相关调查显示，造成幼儿意外事故的原因中，车祸发生率呈逐年上升趋势，这与发达国家相似，说明在生活水平改善的同时，各种危险因素也随之增多。

(二)家庭中监护人防范意识薄弱，缺乏必要的安全知识

现实生活中，因家长看护疏忽而造成的幼儿安全事故频频发生，已成为社会焦点问题，暴力伤害和隐性精神伤害也多发生于家庭之中。根据相关调查数据，家长看护不周、缺乏安全意识是导致幼儿意外伤害事故的首要原因。家庭是幼儿成长的摇篮，家长是幼儿的第一任教师，幼儿更多时间由父母陪伴，其生命的脆弱性和照护经验的特殊性要求家长给予他们更多的关心与呵护，特别是对其生命安全的关注，若监护人没有基本的安全防范意识，会让幼儿面临更多的危险情境。

(三)幼儿园安全教育片面，相关教育活动缺乏系统性和层次性

安全教育应着眼于幼儿安全意识的树立和自我保护能力的培养，而不是一味强调外在身体保护，因为那样会限制幼儿的可能性发展。另外，当下幼儿园的安全教育散见在各个环节中，缺乏系统的、有针对性的课程体系，幼儿从中获得的经验是碎片化的。幼儿园是幼儿生活与学习、经验获得的重要场所，保障其生命安全、提升其自我保护能力是幼儿园的首要任务。因此，在复杂的社会环境下，应以幼儿园为中心，构建幼儿园、家庭、社会三位一体的安全教育课程，着眼于幼儿身体安全、心理安全和社会安全的保护，提升其自我保护能力。

第二节　幼儿园安全教育课程构建

安全，本质是对生命的保护，为生命的健康生长创造安全的环境、提供相应的支持。因此，了解生命的本质内涵和价值取向是构建安全教育课程的基础，其决定了安全教育课程的目标和内容。而生活是生命的社会实践活动，教育是为了生活，教育的过程便是生活的过程。因此，本书基于幼儿个体在健康、安全生活及生存中需要具备的自我认知、自我识别、自我调节、自我救护、自我防范、自我控制、自我适应、自我服务等 8 项基本能力，构建了幼儿园"8S"安全教育课程。将幼儿 8 项基本安全能力的培养融入幼儿一日生活中，借用幼儿实际生活来开展相应教育活动。此外，幼儿园、家庭和社区三位一体的联动也是幼儿园"8S"安全教育课程的重要内涵，其背后是教育生态系统的运行。

一、课程理念

安全教育是各阶段学校工作的重要任务，除了为儿童创造一个安全的生活环境外，

也要引导其掌握必要的自我保护技能，确保其健康成长。课程是关于教育目标、教育内容、教育方法和教育评价的系统，是将安全教育思想、生命教育理念转化为实践的桥梁，关系着儿童对生命安全的经验深化。

课程理念是课程的灵魂，集中体现了课程建设的主要思想，引导着课程目标的确定、课程内容的选择和课程方法的实践，是整个课程的建构方向。从生命哲学、生活教育和生态系统等理论出发，结合社会现实需要和当前幼儿园安全教育现状，构建幼儿园"8S"安全教育课程理念。

（一）以生命安全为中心，让幼儿保护自我

幼儿园安全教育是幼儿园教育教学工作的基础，关系着幼儿的生命健康。安全，本质是对生命的认识和保护，从而为生命的生长提供一个有准备的环境，让幼儿适应这个复杂的社会环境，在面对危险情境时，能够进行自我保护和救助。生命是安全的核心，所以幼儿园"8S"安全教育课程是以幼儿的生命安全为中心，让幼儿学会自我保护，适应社会环境。

（二）以一日生活为依托，让幼儿学会生存

幼儿园"8S"安全教育课程的开展必须结合幼儿的生活，无论是课程内容的选择还是课程方法的考量都要考虑幼儿的生活经验和需要。对幼儿进行安全教育必须以幼儿的一日生活为依托，将安全贯穿于各个生活环节中，让幼儿在生活的过程中潜移默化地形成安全意识，培养其安全自护的能力，从而学会生存，在生活中远离危险。

（三）以三方合作为保障，让幼儿健康成长

幼儿园安全教育的开展不是某一方的责任和义务，也不是某一方能承担起来的，其开展需要幼儿园、家庭和社会的共同努力，否则就难以达到预期的目标。同样，整个课程的构建也不是幼儿园单方面就能完成的，前期需要对家长进行问卷调查，了解家长对幼儿进行安全教育的现状，然后有针对性地进行课程构建。对于课程实施也是如此，要充分利用幼儿园、家庭、社会的教育资源，拓展安全教育课程的实施方式，通过这三方的通力合作，保障幼儿健康快乐成长。

（四）以生命内涵为基础，让幼儿全面发展

在生命哲学中，将人的生命分为了肉体生命、精神生命和社会生命。肉体生命也称物质生命，关注的是身体本身，是最基本的生命类型，也是安全教育最常见的价值指向，其对应的是身体安全，强调对身体的保护。精神安全是人特有的精神思想，控制着我们的行为，对应的是心理安全，精神生命是安全教育中比较容易忽视的方面。社会生命强调生命的社会性，人只有生存在社会环境之下，才是真正的生命，对应着社会安全。幼儿园"8S"安全教育不是单指身体安全，而是强调幼儿身体安全、心理安全和社会安全的和谐发展。

二、课程目标

课程目标是课程实施后要达到的具体目的和教育效果。引领生命的健康成长是幼儿园"8S"安全教育课程最为重要的目标。根据幼儿园"8S"安全教育课程理念，可将课程目标分为总目标和各年龄段的分级目标。

(一)课程总目标

幼儿园"8S"安全教育课程是为保护幼儿生命安全而构建的。安全的本质是生命，所以生命的特性就决定了安全教育的价值取向。根据生命哲学的内容，幼儿的生命是肉体生命、精神生命和社会生命的组成，幼儿园安全教育也要立足于这三种生命本质。结合幼儿园"8S"安全教育课程的内涵和外延，可将课程的总目标定义为：基于幼儿园、家庭和社会三方面的通力合作来引导幼儿正确认识生命、敬畏生命，形成积极的生命态度。通过对小、中、大班三个年龄段开展有关幼儿身体安全、心理安全和社会安全的教育活动，提升幼儿生存能力和安全自护能力。幼儿安全能力发展的核心主要包括自我认知、自我识别、自我调节、自我救护、自我防范、自我控制、自我适应和自我服务 8 项基本能力。

(二)分级目标

幼儿园"8S"安全教育课程的构建要考虑不同年龄段幼儿的经验和发展水平，因此课程目标也要有所区分，体现教育的阶段性和层次性。根据小、中、大班，不同年龄段幼儿的发展特点及经验水平，将阶段目标进行以下划分。

1. 小班(3～4岁)

(1)能够认识自己的身体，知道身体各部分的作用和相应的保护方法。
(2)遇到危险情境时，能认识到危险，并在成人帮助下迅速躲避危险。
(3)遭遇危险时，能在成人的帮助下调节和稳定情绪。
(4)了解生命，感知生命的脆弱性和重要性。

2. 中班(4～5岁)

(1)具有初步的安全意识，能意识到情境的危险性，知道相应的自我保护方法。
(2)掌握一定的安全知识，学会保护自己，知道不能做危险的事情。
(3)能辨别危险场景，听懂预警信号，并做出自我保护反应。
(4)遇到危险时，能在成人的帮助下调节和控制情绪。
(5)能认识到生命的脆弱性，敬畏生命和尊重生命。

3. 大班(5～6岁)

(1)对危险情境有正确的认识，能凭借已有安全知识，学会客观、全面地看待自己和他人的危险行为，减少自我伤害。

（2）能通过观察，发现危险征兆，判断出情境中存在的安全隐患。

（3）能对危险或伤害因素进行辨别、预警，并采取相应措施来规避危险。

（4）遇到危险时，能较快调节情绪，能初步消除紧张、不安等情绪。

（5）在生活中遇到危险时，能有一定的思考和办法，做出有效的反应。

（6）在危险已经对身体造成伤害时，能在成人帮助下运用自身已掌握的知识和技能减少伤害。

（7）能在认识生命的基础上，形成积极正向的生命态度。

三、课程结构

课程结构是指课程系统内部的各组成部分及其相互关系，一般认为课程结构包括三个层次：宏观结构即课程的类别结构，中观结构即课程的科类结构，微观结构即各科目（或活动项目）内的结构以及潜在课程各构成要素的结构[①]。通过对幼儿园、家庭、社会等多方资源的分析，以陶行知"生活即教育"理论、生命哲学、生活教育理论、生态系统理论为课程理论支撑，初步形成课程方案，提出"以生命安全为中心，让幼儿保护自我；以一日生活为依托，让幼儿学会生存；以三方合作为保障，让幼儿健康成长；以生命内涵为基础，让幼儿全面发展"的课程理念，明确幼儿安全自护能力的培养应源于其生活、服务其生活，强调幼儿学习的整体性，并关注幼儿发展的自主性，从自我出发建立自我保护意识和能力。以幼儿园"8S"安全教育课程理念为引领，构建的课程内容结构图如图 1-1 所示。课程构建从身心安全、心理安全、社会安全三个维度出发，指向于幼儿安全能力发展核心要素，即 8 项基本能力，建构了"形安""心安""慧安"三个课程群，在课程群下汇集、生成主题活动。

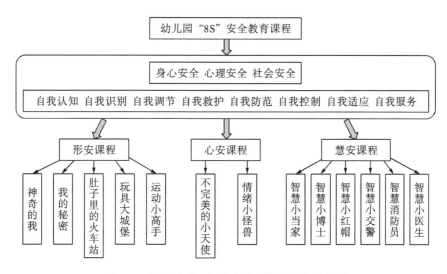

图 1-1 幼儿园"8S"安全教育课程内容结构图

①廖哲勋，田慧生.课程论新论[M].北京：教育科学出版社，2003：232.

第三节　幼儿园安全课程实施

安全教育要在学校日常生活和教学实践中落实，课程实施是关键。课程实施有助于及时发现课程中存在的问题、完善课程理论和设计新的课程改革方案，是一个再创造的过程，影响课程开发的成败。课程实施是指把课程内容付诸实践的过程，是将静态课程转化为动态课程实践的过程，是实现预期教育结果的手段。本课程在《幼儿园教育指导纲要(试行)》《3～6 岁儿童学习与发展指南》《幼儿园工作规程》等文件精神指导下，在课程实施过程中强调顶层规划、整体设计、层层分解、分步实施，科学制定学期计划、月工作计划、周工作计划及日工作计划，有效落实课程目标，夯实课程实施基础。

一、课程实施基本原则

1. 立足幼儿真实生活

基于"活教育"理念，本着服务幼儿生活与发展的思路，遵循幼儿学习的基本特点，将幼儿的真实生活作为课程实施的主阵地，强调"从生活中来，到生活中去"。

2. 着眼于幼儿整体发展

在课程实施的过程中，教师应树立整体发展的理念，将幼儿当作完整独立的个体，关注幼儿身心和谐健康，关注当前社会生活与幼儿未来发展，以实现幼儿"德、智、体、美、劳"全面发展。

3. "三位一体"同步推进

改变以往以幼儿园为幼儿教育实施主体的方式，积极推进"家—园—社区"三方合作，有效整合三方资源，丰富课程内容，拓展课程实施的途径，形成良好的教育生态圈，共建安全和谐的环境。

4. 注重参与、体验、学习

幼儿是学习的主体，课程从以教师为中心转向以儿童为中心。幼儿园"8S"安全教育课程强调教师要尊重儿童的天性及认知规律，正确认识儿童的学习内容及特点，强调幼儿学习的情境性、体验性、互动性，以推进幼儿由认知层面向能力层面的快速发展。

二、课程实施路径

课程实施方式方法的选择直接影响课程实践的有效性，关系着幼儿对其经验的内化程度，必须结合课程理念和课程内容来筛选。幼儿园安全教育与其他阶段学校安全教育有所不同，要求形式多样、生动直观，契合幼儿的年龄发展特点。为此，幼儿园"8S"安全教育课程从珍爱生命、学会生存的理念出发，设计了丰富的课程实施路径，如图 1-2 所示。

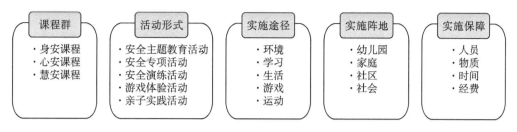

图 1-2　课程实施路径图

1. 安全教育主题活动

在课程研发团队的统一设计下，一线幼儿教师系统地开展了幼儿安全教育主题活动，进行了班级安全主题环境创设。在活动开展中，教师关注幼儿的参与和体验，在环境创设中教师引导幼儿自发地学习，确保幼儿学习安全知识的全面性。通过主题活动开展和班级环境创设，让幼儿"知其然"更"知其所以然"。主题活动的设计涵盖主题的由来、主题网络图、主题可利用的资源、主题活动的推进(主题进程、区域创设、家园共育)、主题典型活动、主题的反思与生成等内容。首先，幼儿在主题教学活动中体验和了解一些常见的安全知识，学习简单的自我保护方法。其次，教师将安全教育主题融入丰富有趣、多层次、多功能的区域游戏活动环境中，幼儿在游戏中参与安全情境，运用安全知识与技能，丰富自身经验，提升安全自护能力。最后，每班依据安全教育主题，创设"安全主题墙"等环境，幼儿在与主题环境互动的过程中自发学习，潜移默化地学习有关安全防护的知识，增强自我保护能力，使安全教学活动得以有效延伸和拓展。在主题活动不断推进的过程中，会将活动开展延伸至幼儿园、家庭和社会。在幼儿园、家庭、社会三方助力下，可以开展亲子安全教育活动。在良好家园合作氛围的基础上，开发家长安全教育课程，实现幼儿、家长、教师、幼儿园的共同成长和发展。幼儿安全意识、安全技能、安全能力需要在实践中得到提升，有效的安全的社会实践活动能激发幼儿的学习兴趣，能让幼儿更深刻地认识与安全相关的事物。因此，还可以开展安全社会实践活动(社会相关安全部门体验)，如充分利用消防中心、武警部队、派出所等公共资源和社会资源开展合作共育，为幼儿的安全社会实践搭建平台，促进幼儿安全能力的发展。

2. "1-5-30"安全教育专项活动

(1)每日一分钟安全教育活动。

安全教育需要渗透在幼儿一日生活的各个环节中。离园环节教师对幼儿开展安全教育活动：一方面能让幼儿与家长及时沟通"安全注意事项"，引发家长对安全教育的关注；另一方面，针对幼儿离园回家这一安全事故高发时段，安全教育活动对幼儿有一定的提醒警示作用，在提升幼儿安全自护能力的同时，也能降低安全事故发生的频率。

（2）周末五分钟安全教育活动。

针对幼儿在周末易发生的危险情况，要求每周周五班级开展周末安全教育活动，提醒幼儿注意居家安全、注意周末外出安全等内容。

（3）节假日三十分钟安全教育专项活动。

节假日往往是幼儿发生交通安全、摔伤、火灾、溺水、触电、走失等安全事故的高发期。为此，在幼儿园安全教育基础课程中，将结合寒、暑假及各类节假日，有针对性地开展安全教育活动。

3. 安全演练活动

（1）全园安全演练活动。

全园安全演练是幼儿园安全工作中的重要组成部分，同时也是教师和幼儿掌握在遭遇突发事故、自然灾害时自救逃生办法的重要活动。为了给幼儿生命安全提供更好保障，开展安全演练活动的形式极为关键。首先，制定演练方案，召集教师进行桌面推演，教师进行实地模拟预演、熟悉线路，并根据预演中所遇到的问题进行调整。其次，在安全演练开始前，教师应对幼儿开展安全疏散的主题活动，告知幼儿应注意的问题。最后，经过磨合、调整达到最优的安全演练标准。例如，可以开展火灾消防演练、自然灾害演练、反恐防暴应急演练、防踩踏安全演练等安全演练。

（2）班级安全演练活动。

班级安全演练体验活动，即班级根据幼儿不同年龄阶段的特征开展适合幼儿需要的安全演练活动，培养幼儿自我救护能力，提升幼儿判断危险及回避危险的能力。根据幼儿的生活需要，总结、梳理出适合班级开展的安全演练体验活动（图1-3）。

图 1-3   班级安全演练体验活动

4. 安全体验游戏活动

游戏具备生动活泼、趣味性十足的特点，能在充分调动幼儿兴趣的同时，润物细无声般地对其进行安全意识教育。为此，幼儿园"8S"安全教育课程将游戏与安全教育内容相结合，开展情景游戏、表演游戏、户外游戏、角色游戏、绘画游戏、安全演练游戏等，提升安全教育的实效性；同时，借助现代高科技技术，进行虚拟场景体验，在虚拟情景中"真实"感知危险，提升幼儿安全自护能力。

三、课程实施环境创设

儿童的发展是以自身为主体与周围环境相互作用的过程，环境是影响儿童发展不可缺少的客观因素。布朗芬布伦纳的生态学理论指出"环境是包含有机体本身以外的、影响人的发展或者受人的发展影响的任何事件或条件。个体发展的环境是一个由小到大层层扩展的复杂生态系统，在个体与环境、环境与环境之间都存在复杂的相互联系和相互作用"[①]。因此，以儿童生命为本质的安全教育必须要以温润儿童生命的环境创设为前提。

1. 基于儿童生命安全的环创内涵解读

基于生命教育的视角，人同时具有自然、精神、社会三种属性。自然属性是人存在的基础，精神属性是人存在的灵魂，社会属性是人存在的本质。这三种属性处于相互依存和相互作用的统一状态中[②]。因此，从生命的三维视角出发，"基于儿童生命安全的环境创设"是立足于儿童自然、精神和社会三维属性统一创设的有准备的环境。也就是说幼儿园环境创设是要直面儿童的自然存在、精神存在和社会存在，这要求环境创设应关注如何彰显儿童生命的过程，真正实现与儿童真实生活世界的意义联结，以促进儿童生命的健康成长与发展。

幼儿园"8S"安全教育课程的环境创设要立足于儿童生命的自然存在、精神存在和社会存在的统一体，也就是说在幼儿园环境创设中要保留儿童的自然属性、尊重儿童精神需求、直面儿童社会化发展。首先，儿童作为自然的存在，根本在于其具有生理属性，体现为身体的存在，也就意味着环境创设要回归儿童身体本身，通过环境的教育作用，让幼儿在与班级小空间、走廊中空间和户外大空间的互动中认识自己的身体、强健自己的身体、保护自己的身体，从而促进其身心的健康发展。如幼儿园不仅要创设促进幼儿走、跑、跳等运动发展的大环境，还要让幼儿多动手(如串珠、穿衣等)，培养其精细动作的发展。另外，与成人一样，儿童也有独立的、反映自我的精神世界，有真实的精神需求。儿童这种真实的精神需求需要在幼儿园环境创设中得到满足。因此，温润儿童生命的环境创设必须尊重并适宜地满足儿童带有精神属性的生活需要，保障儿童精神生命安全，根据幼儿当前阶段的精神发展需要来设计小、中、大空间的环境。最后，每位幼儿都存在于具体的社会生活中，自然地也就接受着社会生活所带来的文化影响。从社会结构角度来看，社会化就是要使人变得具有社会性，故基于儿童生命安全的环境创设还应考虑现有的社会发展规则和规律，通过相应的环境创设来引导幼儿适应社会变化，充分发挥环境的教育价值，帮助幼儿实现社会化进程。

---

①胡娟.论环境及其创设对儿童发展和教育的价值[J].教育科学，2002(2)：61-64.
②张平，甘超.基于儿童生命教育的幼儿园环境创设思考[J].通化师范学院学报，2020，41(5)：134-138.

2. 追求儿童生命安全的环创价值分析

环境是幼儿园课程的重要组成部分，《幼儿园教育指导纲要(试行)》中指出：环境是重要的教育资源，应通过环境的创设和利用，有效地促进幼儿的发展。心理学家皮亚杰也提出"儿童是在周围环境的影响下，通过主客体的交互作用，而获得心理发展的"[①]。这也是建构主义和生态学理论所持有的观点，即儿童的学习与发展是与环境不断相互作用的结果，儿童与环境相互影响、共同作用。儿童在环境中通过自身的活动，获得了应对环境变化的方式和能力，并对环境起到了影响甚至改造的作用。教育者可以利用环境生成课程，在深化幼儿经验的同时，也彰显幼儿园的特色和基本价值观。

温润儿童生命的环境创设必须以保护儿童生命安全、引领儿童生命向上为前提。因此，其最大的价值是通过班级的小环境、走廊过道的中环境和幼儿园园内园外的大环境的创造与设计来保障幼儿的生命健康安全。首先，幼儿园园内的大环境布置必然要保证安全，每一个角落都要考虑到幼儿可能发生的危险，想方设法将可能发生的危险降到最低。比如户外活动场地尽量是硬沙土地，或者铺有塑胶垫子，以免幼儿摔倒受伤；每天都要有专门的人员进行环境检查，排查安全隐患。其次，温润儿童生命的环创能促进幼儿对生命的理解。安全教育的本质是对生命的珍惜和保护，所以幼儿需要对生命进行深刻的解读。比如小班的幼儿首先要获得的就是对自己身体的认识，除了平时的教育活动，还可以在班级墙面或过道上做一些动态的身体图，让孩子在与墙面的互动中，了解身体的结构与功能。最后，温润儿童生命的环创能帮助幼儿掌握自我生存的技能。生命的社会性决定了幼儿要适应已有的社会规则和自然规律，在这些规则与规律之下，通过创设相应的环境来促进幼儿对社会规则、自然规律的了解，进而学会适应社会，掌握生存技能。比如对于自然灾害的防护，就可以在幼儿园的大环境中提供力所能及的设施设备，如地震体验房之下的逃生技能；对于火灾的逃生，也可以在大环境中提供消防演练中心，让幼儿在平时的游戏中潜移默化地学会自我救护。

3. 温润儿童生命的环境创设特征

安全是儿童生命健康成长的重要保障，安全的环境必然是能温润儿童生命的环境。根据幼儿园"8S"安全教育课程理念，幼儿园的环境创设以幼儿生命至上为方向引领，体现出以下特征。

(1)整体性。

幼儿的生命是自然生命、精神生命和社会生命的总和。温润儿童生命的环境创设也应遵循这样的价值理念，体现出这种整体性。无论是大环境还是小环境的设计，都要始终坚持自然、精神、社会三维视角的生命观，以深化幼儿对生命的认识，学会自我保护，适应社会环境。班级中的环境创设除了需要提供舒适、安全的教室外，还应营造有利于优化幼儿情绪的温馨氛围。比如设置一个悄悄话小房间，就能给幼儿提供一定的私

①教育部基础教育司.《幼儿园教育指导纲要(试行)》解读[M]. 南京：江苏凤凰教育出版社，2002: 36.

密空间，让幼儿的情感拥有正确的表达路径。同时，班级环境的创设还要考虑生命的社会性。例如，班级区域环境的打造就可以融入社会规则，将消防安全、交通安全、家庭用电安全等以区域游戏的方式呈现。

(2) 生活性。

儿童的生命具有灵动性，这种灵动离不开生活的土壤，生活赋予了生命生长的空间，给予了生命应有的意义。所以，从这个角度来说，生活是生命的根本，脱离生活的生命是不存在的。儿童的安全是生命的安全，是幼儿园安全教育的最终目的。因此，幼儿园的环境创设应体现出生活性。首先，环境创设要贴合幼儿的生活经验，取材要来源于幼儿的日常生活，内容是幼儿平日生活所需要的。比如交通安全就是每位幼儿都需要掌握的生存技能，那么就可以在幼儿园户外设计一个相应的大环境，包括斑马线、加油站、红绿灯、实线、虚线等，给幼儿营造真实的生活情境，让幼儿带有角色地去体验。其次，幼儿园安全环境创设的目的是使幼儿更好地生活，所以无论是大环境还是小环境的营造，都会指向幼儿的幸福生活。如班级环境的布置，除了温馨，更重要的是幼儿的参与，只有当他们自己做了，才会有更强烈的归属感和幸福感。

(3) 互动性。

温润儿童生命的环境创设是基于对儿童生命的呵护，期望儿童能够在一个有准备的环境中发展关于安全的 8 项基本能力。这样的环境必然是有温度的环境、以儿童为本的环境、指向儿童健康生活的环境。从儿童发展特点出发，环境创设中一定要以儿童的直接经验为主。因此，幼儿园"8S"安全教育课程的环境就要展现出互动性的特征，即幼儿园中的每一个环境都是能与幼儿产生互动的，幼儿可以在环境中学习经验、同化经验。班级中的墙面设计就可以呈现出动态的场景，幼儿可以根据提供的材料对环境进行改变，比如在认识面部五官时，可以在过道的墙面上制作一个头形，在旁边准备五官的材料，幼儿根据自我认知进行粘贴，这样既能判断幼儿对经验的掌握情况，又能进一步巩固其对身体结构的了解。

4. 幼儿园"8S"安全教育课程的环境创设实例

幼儿园"8S"安全教育课程的构建是以生命哲学为理论基础，将幼儿的生命看作是自然生命、精神生命和社会生命的统一体，所以幼儿园"8S"安全教育环境创设也主要着力于对幼儿身体安全、心理安全和社会安全的保障。幼儿园环境是影响幼儿发展或是受幼儿发展所影响的一切外部条件的总和。从内容上来看，包括幼儿园的物理环境和心理社会环境；从空间上来看，包括幼儿园班级小空间、走廊中空间和户外大空间，甚至园外大空间。因此，温润儿童生命的环境创设需要以"8S"安全教育目标为指导，创设与课程内容相呼应的幼儿学习发展空间。

根据幼儿年龄特点和发展需要，幼儿园"8S"安全教育课程一共收集了 13 个主题活动，涉及幼儿的身体安全、心理安全和社会安全。部分主题墙案例如图 1-4～图 1-8 所示。

图1-4 身体安全主题墙

图1-5 食品安全主题墙

图1-6 心理安全主题墙

图1-7 游戏安全主题墙

图 1-8　社会安全主题墙

四、课程实施保障

　　课程实施是一系列连贯的行为，涉及课程开始之前的活动计划、课程开展中的方式方法，以及课程实施过程中的原则和要求。为了保证课程实施的有效性，必须完善保障体系，明确组成部门、实施方案和工作职责，创设基本的课程保障。

　　课程的实施需要教师将课程方案进行分解和细化，依据班级幼儿的发展需要和实践反馈，分别制定以学期、月、周、日为时间节点的工作计划，课程实施计划的制定是自下而上和自上而下双向动态调整的过程，其具体实施计划如图 1-9 所示。其中周工作计划安排表如表 1-1 所示，月工作计划安排表如表 1-2 所示。

学期计划

　　每学期在幼儿园园务工作计划的指导下，切实围绕工作重点，上期工作情况，有效制定本期课程实施计划，包括幼儿园整体课程要求及年级组课程要求。每学期由保教办牵头制定。

月计划

　　根据学期计划，各班拟定班级每月课程计划安排，计划应根据上月实施情况动态调整，做好应时、应急。由年级组牵头制定。

周计划

　　根据月工作计划，将目标及内容合理分解至每周，并充分整合家庭、幼儿园、社会等多方资源，做到提前预设与安排。实施过程中应注重上下衔接、活动的预设与生成。由班级讨论制定。

日计划

　　教师应对以上三级计划做到心中有数，并将各级目标及要求、内容渗透入日计划的制定与实施中。日计划的开展应根据幼儿参与活动的情况在总目标要求下，及时作出相应调整。由教师个人自主设计。

图 1-9　实施计划图

表 1-1　幼儿园周工作计划安排表

班级：

时间：

本周工作重点		1.培养幼儿在园常规，加强幼儿卫生习惯的养成； 2.开展安全教育主题活动； 3.创设区角、师幼创编新操	
生活	目标	1.让幼儿养成良好的进餐习惯； 2.能用正确的方法洗手，保持盥洗室的清洁	
	观察与指导	1.引导幼儿安静进餐； 2.观察幼儿洗手时是否保持地面清洁	
运动	内容 户外游戏	体育活动：掷飞盘	分散活动：抓尾巴大型玩具
		1.幼儿能够认真听口令进行队列练习； 2.幼儿能积极参加户外游戏，喜欢参加体育锻炼	
	观察与指导	1.引导幼儿听从老师指令、按要求进行队列练习； 2.指导幼儿运用大臂的力量和腕力投掷飞盘	
游戏	目标	1.能运用礼貌语言与同伴进行沟通； 2.能按标记进行玩具收放	
	观察与指导	1.引导幼儿相互友好地进行游戏； 2.对幼儿进行指导，引导幼儿自觉收放玩具	
学习	主题活动	居家安全	
	集体教学活动	**基础性课程** 语言：《仓颉造字》　　　　　　数学：《大家爱锻炼》 音乐：《小木马》　　　　　　　美术：《橘子红了》 社会：《找找他们在哪里》　　　科学：《有趣的影子》	
		选择性课程 《国旗》	
		特色课程 《不私自离开教室》《小心电梯》	
安全小百科		小朋友要在成人的陪同下乘坐电梯	

表 1-2　幼儿园月工作计划及安排

班级：

时间：

上月情况分析		国庆结束，孩子们在假期里通过多种多样的方式感知祖国文化。但在常规上，孩子们有些松懈，因此，对孩子进行常规培养和安全教育仍然是本月工作的重点。另外，针对爱国主义教育，将从任务意识、时间意识等方面入手对孩子进行培养。本月，将帮助幼儿尽快熟悉班级新的早操和班级新的区角环境，从多方面对孩子进行幼小衔接的教育，同时，结合季节变化，开展"丰收的季节"主题活动
本月工作重点		1.加强幼儿常规及习惯的培养，开展对幼儿学习习惯和自我能力培养的活动； 2.丰富班级家园栏、主题墙饰、游戏区角的创设； 3.开展"我爱我的祖国"和"丰收的季节"的主题活动； 4.开展安全教育活动，培养幼儿的安全意识； 5.结合国庆节开展系列活动，开展对幼儿的爱国主义教育； 6.季节变化明显，加强秋季幼儿疾病防御
环境创设	墙饰	消防安全、我爱我的祖国、丰收的季节
	游戏区	1.根据班级人数、场地、幼儿需要调整、丰富各游戏区角材料； 2.引导幼儿合作展开游戏活动

续表

家长工作		1.加强亲子活动沟通； 2.加强秋季护理工作； 3.对幼儿进行消防安全教育
月目标	生活活动	1.养成良好的生活卫生习惯，预防传染病发生； 2.学习整理自己的物品
	体育活动	1.主动参与体育锻炼，学习新的器械操； 2.发展灵敏性和提高迅速反应及快跑能力，提高动作的灵敏度和协调能力
	游戏活动	1.了解班级游戏的区域划分，以及游戏规则； 2.能安全地使用区角游戏材料
	学习活动	1.比较物体的高矮，区分左右，认识符号，练习5以内的加减，学习6的分解及加减法； 2.参与国庆节活动，用多种方式表达对祖国妈妈的爱意； 3.学习折叠剪，用图形和自然材料创造性地粘贴、组合各种形象； 4.引导幼儿用动作、歌声表现美的感受，萌发爱老师、爱幼儿园的情感； 5.学习欣赏感兴趣的绘画、工艺、雕塑、建筑等作品

五、课程实施基本要求

1.形式要求

课程的组织与实施包括有利于幼儿身心发展的全部活动，不同活动形式、活动内容在幼儿的成长中也具有不同的特点。依据幼儿的发展特点和课程设置与实施的目标，设计了活动安排表，具体内容如表1-3所示。

表1-3　活动安排表

活动形式	活动要求	活动时间要求	举例
安全主题教育活动	本着主题教育实施的基本原则，从五大领域着手，全面设计、实施安全教育活动，通过集体活动、小组学习、个别化学习等方式，促进幼儿系统而深度地学习	每学期至少一个主题	在《智慧消防员》主题活动中，活动内容主要包括社会活动《特殊号码119》、语言活动《大嘴车》、数学活动《设计逃生路线》以及亲子活动《走进消防队》等
"1-5-30"安全专项活动	安全教育应做到无处不在，无时不有。幼儿安全常规教育应渗透到每一天、每一周、每一月，并在内容、形式上与日常生活、节假日相互联系	1.每天1次离园1分钟安全教育； 2.每周1次离园5分钟安全教育； 3.每月1次30分钟安全集体教育	每次放假前，根据不同节假日开展安全教育。例如国庆节、元旦、端午节等。在每天离园前，教师和幼儿一起总结一天的幼儿园生活，强调安全要点
安全演练活动	遵循幼儿在情境中学习、在体验中构建经验的特点，让安全逃生成为一种本能，采用每月一次班级演练，每学期两次全园性大演练。让幼儿在不断练习的过程中提升自护能力	每月1次小演练；每学期2次大演练	结合特殊日子开展演练活动，例如每年11月开展消防逃生演练，5月开展地震逃生演练
游戏体验活动	幼儿园教育"以游戏为基本活动"。游戏是幼儿的天性，也是幼儿学习的基本方式，因此创设具有趣味性的安全游戏体验活动，让幼儿自发、自主、自由地在玩耍中学习	每周2次	将安全课程内容融入游戏中，创设安全知识宣传员、交通警察、医院等游戏活动或角色，让幼儿在游戏中提升自我保护的能力

续表

活动形式	活动要求	活动时间要求	举例
亲子实践活动	整合社会资源，充分发挥家长教育作用，通过家长志愿者、亲子阅读、亲子共构等活动，提升家长的安全意识，提高家园共育的实效性	每年 1 次	整合社区资源，每年组织去消防队参观学习，走到街上进行安全宣传等

2. 空间要求

社会就是大课堂，安全教育的实施离不开真实的生活。因此，课程实施将活动场地从教室扩展到户外，从户外延伸到社会，充分挖掘周边资源，发挥地域优势，开展丰富多元的活动。

真实情境案例：

涵涵（化名）是大班的一个小女孩，平时在班级中各方面的发展水平都较好，接受过良好的家庭教育。在幼儿园开展的安全情景模拟演练中，涵涵和妈妈带头报名参加。演练前，涵涵的家长与老师在涵涵的安全教育方面观念一致，涵涵的安全意识和安全能力也得到了很好的成长。于是，在家长与老师们的期待中，演练开始了。

一天下午，涵涵和婆婆一起在家看书。婆婆中途接到了妈妈的电话，需要婆婆到小区门口拿东西，婆婆叮嘱了涵涵几句便出门了。当涵涵自己在家看书时，门口突然响起了敲门声。涵涵冲到门口大声问道："是谁？"门外的叔叔回答："我是送快递的。"涵涵趴在门镜里看了看说："我婆婆出去了。"叔叔说："是的，就是她请我送过来的，你打开门吧，我把东西给你们。"涵涵想了一会儿说："不行，我不能开门。"叔叔说："那好，你不用开门，你只需要开个小缝把你们家的东西拿进去就行了。"涵涵思考了一会儿，便小心翼翼地把门打开了一条缝……

第四节　幼儿园安全课程评价

课程评价是指通过各种定性、定量的方法来了解课程目标、内容和实施是否实现了教育目的。安全教育评价是实现安全特色课程目标的关键环节，课程评价在课程实施过程中发挥着教育导向和质量监控的作用。通过了解幼儿的发展情况，判定课程设计与实施的效果。

一、安全特色课程的评价原则

幼儿园"8S"安全教育课程评价聚焦幼儿安全知识与能力的成长，确立了课程评价的三个基本原则，即主体多元性、人本取向性、方法适宜性原则。结合幼儿园"8S"安全教育课程目标，选择了以诊断性评价、表现性评价和过程性评价方式为主的评价体系。以课程板块内容为依托，参考《3～6岁儿童学习与发展指南》，根据小、中、大三个不同年龄阶段幼儿特点，建构了具体的诊断性评价指标。同时，将学习故事、观察记录、成长档案等表现性评价和过程性评价作为辅助，实施课程评价。

(一)主体多元性原则

安全教育评价主体是基于课程本身、教师、幼儿发展三方面的，不同主体对应不同的评价方法，多元化的评价主体可以构建和谐、安全的教学氛围，进一步完善园所安全教育。以科学的多维度看待安全教育，有利于促进课程更好地服务主体对象，发挥课程的实效性，发挥教育智慧，最终促进幼儿园安全教育长效发展。在不同主体的基础之上，小、中、大不同年龄阶段也应该对应不同的评价，让不同发展阶段、不同发展水平的教师和幼儿能够在课程动态的发展中得到科学评价与支持。

(二)人本取向性原则

教育即发展，教育的核心是人的发展。幼儿教育工作者应当在生命教育视域下把握教育本质，厘清幼儿安全教育与幼儿的关系。认识生命、尊重生命、实现生命是生命教育三大核心要义。评价坚持"以人为本"，充分考虑"人"发展的多变性与动态性。安全教育评价落脚点在于人本身的发展而非单一的认知。比如针对幼儿的评价，不仅要关注幼儿安全意识的建立和安全自护行为的产生，还要关注安全自护能力与技能的培养。教育者在人本取向的评价原则下，审议幼儿安全教育工作，既要满足幼儿身体健康首位的社会需求，也要符合生命教育的生命价值取向。一方面，幼儿园教育评价工作要细致化、具体化，评价标准个性化；另一方面，幼儿安全教育评价应注重幼儿安全意识与安全技能的掌握，而非固化的安全知识。在评价中要根据不同的情况适时调整评价内容。评价的标准与具体指标不是固化的，而是随着儿童的发展水平与社会时代的发展不断动态调整的过程。

(三)方法适宜性原则

根据不同的评价主体采用不同的方法，将诊断性评价与过程性评价结合。在当今新时代背景下，积极利用手机软件和数据工具现代化信息技术，采用多彩手帐、VLOG 视频等工具进行图片记录、视频记录、语音记录等，把学习故事、访谈法、问卷调查法、观察记录表、成长档案袋、建桥评价等评价方式相互融合，全面客观、具体生动地记录幼儿的安全教育工作。同时结合当今新时代的发展背景，充分运用大数据手段，参照不同指标体系，让幼儿教师在充分了解当前安全教育动态的基础上对幼儿安全教育工作做出正确评价与调整。

二、安全特色课程的评价方法

课程评价方法是对课程评价的发展变化最为敏感的因素之一。在一定程度上，方法的选择与变革会直接导致课程评价质的变化和跳跃性发展。幼儿园安全教育课程内容丰富、形式多样，所以在方法选择上要凸显评价主体的多元化和评价方式的多样化。

(一)课程评价方法

1. 以教师自评与团队互评相结合的方式对教师课程实施评价

教师自评与团队互评相结合的方式可以使评价从多个方面、多个角度对教师的课程实施更全面、更客观、更科学的评价。教师既是评价对象，也是评价主体，教师间可以相互督促、相互学习，提高教师参与的主动性，增强教师团队的创新意识和创新能力。教师自评与团队互评的课程评价方式既反映课程实施的科学性、合理性，又可以促进课程质量进一步提升。

2. 以教师评价和家长评价相结合的方式对幼儿发展实施评价

(1)档案袋评价。

在幼儿成长档案中，以月为单位，用图片或文字，记录安全知识与技能学习的过程性表现。插入幼儿安全知识学习的过程性资料，反映幼儿情感变化、行为表现等各种信息整理归档。家长可从档案中看到幼儿在三年中安全自护能力的发展变化。

(2)学习故事评价。

学习故事评价是一种用叙事的方式对儿童的学习进行评价的形成性评价方式，教师主要运用"学习故事"这一评价方式，记录幼儿在安全自护能力学习与培养过程中"自护"的时刻，记录幼儿在安全情境下的具体表现，如对幼儿的语言、图片、表情、动作进行客观记录。对学习故事中的关键经验进行识别、分析、评价和反思，并在此基础上对幼儿的学习进行回应，为幼儿进一步学习制定计划，从而促进和拓展幼儿的安全学习。

(3)马赛克方法。

一种基于儿童视角的评价方法。此方法主要用于课程实施中采用 VR 技术帮助幼儿学习安全教育知识与技能，采取多路径(观察法、儿童会议、儿童选择、儿童自主判断识别、儿童自主防范等)的内容"聆听"幼儿未能直接用语言表达的内心感受和想法。观察在 VR 技术支持下幼儿在具象的情境中安全知识与安全技能的获得情况，从而为评价教师下一步有针对性地制定安全教育活动计划、开展安全活动、创设班级环境和确保幼儿园环境适合儿童提供重要依据。

(4)定量与定性评价相结合。

运用具体的指标体系，以最近发展区理论为依据，以幼儿安全的八项基本能力为基准，建立以横向比较与纵向比较相结合的评价体系，为个体差异与个别化教育提供指标依据，反映课程实施的有效性。

3.以课程发展小组的自我评价、教师的评价及有关专家的评价相结合的方式对课程本身实施评价

采用课程发展小组的自我评价、教师评价及有关专家评价相结合的评价方式，可以调动教师学习的积极性，体现教师在课程评价中的主体地位，使教师在课程小组及专家引领下对课程本身进行正确评估和反思，有关专家在评价中起引导作用，促进课程目标和内容合理完善及科学设计。

（二）课程评价工具

评价工具是指对评价对象测定时所采取的方式或手段，主要用来收集评价对象的有关信息，为实施课程评价提供依据。本书基于《幼儿园教育指导纲要（试行）》中关于教育评价部分的具体内容，试图从课程实施过程和实施效果两个方面，从幼儿和教师的视角出发，对幼儿园相关安全课程做出评价，并对课程构建前后的效果做对比和分析。以评价课程的目标设置是否适宜，课程内容的设置是否有针对性，课程效果是否达成来评价课程方案的科学性与有效性。课程评价的具体内容分为课程实施过程的评价（教师评价），课程实施的效果评价（幼儿评价），课程目标、内容、方式有效性与适宜性评价（课程评价）三方面，如图 1-10 所示。

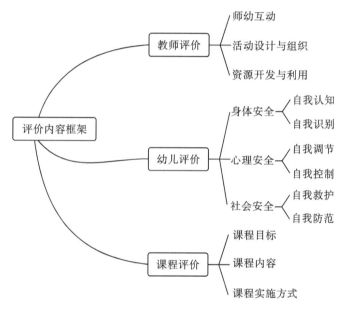

图 1-10　评价内容框架图

1. 对课程实施过程的评价——教师评价

在课程实施过程中，组成课程评价小组，采取随机看课的形式分别对小、中、大班幼儿教师的安全教学过程进行量化评分。在对教师的教学评价之前，由多名专家组成的研究团队对评价指标进行筛选，并形成最终的教学评价量表——《幼儿园安全教学活动评价表》（表 1-4）。评价指标以安全教学的基本结构为主，从教学设计和幼儿表现两个方面进行测评，分别将指标细化为对教学目标、教学内容体系、教学实施、教学环境、幼儿投入程度、幼儿互动、幼儿面临的挑战和幼儿的行为习惯方面。

表 1-4　幼儿园安全教学活动评价表

评价指标			操作性定义描述	分值	得分
教学设计	教学目标	目标适应性	教学目标与特定年龄班幼儿安全自护能力发展的规律相一致，教学目标不会过难或过易	1	
		目标落实性	安全活动的目标具体明确，易于衡量	1	
		目标逻辑性	安全活动目标与相关的策略相互之间能对应，没有罗列过多或者缺乏有机联系	1	
		目标达成度	安全教学活动过程中，计划目标在教学活动过程中已经实现	1	
	教学内容体系	内容适宜性	安全活动内容与特定年龄段幼儿的特点一致，并且有利于幼儿的健康发展	1	
		内容一致性	安全活动内容最大限度地包含了安全目标，并且安全教育活动的内容容量与教学目标相适应，有利于目标的实现	1	
		内容生活化	安全教育活动的内容符合特定的地域和文化，并且能反映幼儿的现实生活	1	
		材料适宜性	安全教育活动材料的质量能最大限度地满足幼儿活动的需求	1	
		内容完成度	教育活动过程中，预定内容能有效合理地完成	1	
		内容科学性	活动呈现的内容具有科学性，传输的知识和概念能促进幼儿的进一步学习	1	
	教学实施	教学准备	安全教育活动中教师能较好整合相关学习资源、生活资源及网络资源	1	
		教师关注	在活动中，教师会及时关注幼儿感兴趣以及不感兴趣的部分	1	
		教学表达	教师能运用口头或者肢体语言通俗易懂地传授安全教学知识	1	
		教学策略	教师在课堂中适当地采用激励、指导、启发、支持等策略来协调幼儿之间的矛盾、舒缓压力等	1	
		教学反思	教师在活动后能及时反思自身的教学情况以及幼儿在活动中的具体行为	1	
	教学环境	玩教具	玩教具数量适宜，且活动器具有多功能和经济实用的特点	1	
		结构安排	安全教育活动场地有不同的划分区域，活动区域之间有不同的划分，并且安排合理	1	
幼儿表现	幼儿投入程度	集中性	幼儿在活动中注意力较为集中，能够听懂教师的话	1	
		积极主动性	乐于参与活动并主动思考问题	1	
		想象与创造性	在活动过程中能产生新的联想	1	
	幼儿互动	好奇心与兴趣	能在课堂活动中产生兴趣	1	
		同伴互动	幼儿在活动过程中能与同伴进行互动	1	
		教师互动	幼儿在活动过程中能与教师进行互动	1	
	幼儿面临的挑战	获得新经验	幼儿在活动过程中能获得新的经验	1	
		解决新问题	幼儿在面临问题时能努力解决问题	1	
		运用旧经验	幼儿在活动中能运用已有经验来进行思考	1	

续表

评价指标		操作性定义描述	分值	得分
幼儿的行为习惯	计划与尝试	幼儿在活动中能按照自己的计划进行，能自主选择材料并进行尝试	1	
	专注与坚持	幼儿在活动中能够投入其中并认真操作	1	
	分享与反思	幼儿在活动过程中能够分享自己的经验，并反复思考	1	

2. 对课程实施效果的评价——幼儿评价

（1）量表评价。

本书将幼儿安全自护能力水平作为对该课程效果的评价，由专家团队编制设计了幼儿评价量表，并且按照不同年龄段幼儿学习与发展特点设计了相应的评价量表，分别如表 1-5-1～表 1-5-3 所示，即通过自评和他评的方式来衡量幼儿安全自护能力的发展状况。

表 1-5-1　幼儿安全意识及行为能力检核表（小班）

	具体指标	不能做到	在成人帮助下做到	能做到
自我认知	1.知道窗台、阳台护栏边等高处有危险，不从过高处往下跳。			
	2.认识人体主要器官和功能（眼、鼻、口、手、脚、膝盖等），不将异物放入口鼻耳中，有保护身体器官的意识。			
	3.知道尖锐物品容易对人体造成伤害，认识常见的尖锐物品（刀、剪刀、竹签等）。			
	4.认识生活中常见的交通标志，如信号灯、人行道、停车场、禁止标志等。			
	5.知道火警电话是 119。			
自我识别	1.知道生水不能喝、不干净的食物不能吃。			
	2.知道单独在河流、池塘、湖泊、游泳池等水边时很危险，一定要和大人在一起。			
	3.知道药品和糖果的区别，不随便吃任何地方的药品。			
	4.知道玩具大家一起玩，不争抢，不独霸。			
	5.知道男女有别，身体不能让别人随便看。			
	6.知道火灾的危害，不玩火，远离火。			
	7.踩踏事件发生后，能在成人的安抚下，逐步稳定情绪。			
自我适应	1.暴乱事件发生后，能在成人的安抚下，逐步稳定情绪。			
	2.能在被安抚后愿意表达自己的情绪。如：我不想去幼儿园，是因为我在幼儿园总是摔跤。			
	3.在成人询问其感受或情绪时，在成人引导下愿意回应并与亲近的人分享自己的情绪感受（如在成人问询时简单回答、点头微笑等）。			
	4.想加入同伴游戏时，能友好地提出请求。			
	5.知道触电的危害，不玩插座，不用手直接摸插头。			
	6.吃东西时不大声讲话和大笑。			
	7.认识红绿灯、人行横道，知道过马路要看两边。			

	具体指标	不能做到	在成人帮助下做到	能做到
自我适应	8.知道人多时要排队，上下楼梯扶栏杆。			
	9.在大人的提醒下，能够专心走路，不东张西望。			
	10.在有比较强烈的情绪反应时，能在成人的安抚下逐渐平静下来。			
	11.情绪较稳定，很少因为一点小事哭闹不止（如在遇到自己不能完成的事情时会情绪低落但很少崩溃大哭、遭受他人批评时较少情绪崩溃）。			
	12.在成人提醒下系安全带，不玩车上设施。			
	13.在成人监护下，不暴饮暴食，尽量少吃垃圾食品以及冷饮。			
自我救护	1.能准确说出父母名字、家庭地址等信息。			
	2.不舒服或受伤时，知道寻求帮助，知道不憋尿。			
	3.走失后知道寻求警察叔叔、公交车司机等的帮助。			
	4.在无家长监督下，不吃陌生人给的东西，不跟陌生人走。知道发出"爷爷救我！""阿姨救我！"等简单求救信号。			
	5.在发生地震、洪水或火灾时，能在成人帮助下逃生。			
	6.知道不待在原地，在成人提醒下，紧随成人逃离躲避。			
自我防范	1.任何情况下，不给陌生人开门。			
	2.外出时会紧跟家人，不独自走开。			
	3.知道发生地震时有危险，不慌张哭叫不独自乱跑。			

表 1-5-2　幼儿安全意识及行为能力检核表（中班）

	具体指标	不能做到	在成人帮助下做到	能做到
自我认知	1.了解尖锐物品的用途，基本掌握剪刀等尖锐物品的使用方法，知道尖锐物品不能对着人，不用手直接触摸工具的尖锐处。			
	2.知道保护身体和器官的基本方法，如不用脏手揉眼睛；早晚刷牙、餐后漱口等。			
	3.不随意玩弄自己的生殖器，知道不能让别人触摸自己的隐私部位。			
	4.知道父母或家庭成员的姓名和电话号码，知道自己的家庭住址。			
自我识别	1.在与同伴玩耍时，会有意识躲闪他人、不碰撞。			
	2.知道将线绳绕在自己或他人身上时会有危险。			
	3.玩耍大型玩具过程中，不在密集玩具区或狭窄地方追逐打闹，走、跑时会眼看前方，有意识地躲避障碍物。			
	4.知道教室里的不安全因素，了解教室里可能存在的安全隐患，不触摸插座。			
	5.知道变质的食物不能吃、药品不能随便吃，能区分不同的药品与糖果。			

	具体指标	不能做到	在成人帮助下做到	能做到
自我适应	1.经常保持愉快的情绪，知道引起自己某种情绪的原因，并努力缓解。			
	2.在成人提醒下会用恰当的方式表达情绪，不乱发脾气，如在成人引导下能通过听听歌、看看书、玩游戏、扔沙包、深呼吸等方式释放情绪。			
	3.能主动用语言表达和分享自己的各种情绪。			
	4.与别人想法不同时，能倾听和接受别人的意见，不能接受时也敢于坚持自己的意见并说明理由。			
	5.与同伴发生矛盾时，能在成人的协助下尝试自己解决，不欺负别人，也不允许别人欺负自己。			
自我控制	1.能关注别人的情绪和需要，并能给予力所能及的帮助。			
	2.能主动发起活动或在活动中出主意、想办法。			
	3.在群体中能积极、快乐地生活。			
	4.知道不做危险的动作，如翘椅子、钻桌子、翻桌子、站在凳子上等。			
	5.不将任何物品放入口、鼻、耳中(包括游戏活动时)。			
自我救护	1.知道并掌握火灾发生时撤离、躲避、求救的自救方法，如用湿毛巾捂住嘴、挨墙沿安全出口往下跑、弯腰走等。			
	2.基本掌握正确使用电器和防止触电的方法，不用湿手接触带电物品。			
	3.知道在同伴不慎落进坑内或溺水时要大声呼救。			
	4.知道烫伤后要迅速用凉水冲洗或浸泡患处。			
	5.当受伤或遇到危险时，如手脚被卡住、被物品罩住、缠住等，会及时大声呼救。			
	6.了解生活中常见安全隐患并能主动避让，掌握基本的应对方法，如煤气泄漏开窗通风、在触电事故发生后不能直接去拉触电的人等。			
自我防范	1.会选择适合自己的活动器械，不逞能，不给他人造成危险。			
	2.了解地震的危害，掌握地震中自救与逃生的基本方法，如抱头躲在各类安全三角区、远离建筑物、沿着安全出口有序撤离等。			
	3.不吃陌生人给的东西，不跟陌生人走，不轻易相信陌生人的话，知道遇到危险时的简单求助方式。			
	4.能自觉遵守交通规则，并能在发生意外时有求救或自救意识。			
	5.认识常见的安全标志，并自觉遵守安全规则，如禁止标志(禁止翻越)、提示标志(安全出口)、警告标志(当心触电)等。			
	6.能牢记家人电话，走丢时能主动找警察或工作人员求助。			
	7.不给陌生人开门，不随便与陌生人接触，知道有危险时可以在人多处大声呼救或打"110"。			
	8.会主动避让游戏材料、体育器械、学习用具(剪刀、水彩笔等)中的尖锐物品，并提醒同伴小心使用。			

表 1-5-3　幼儿安全意识及行为能力检核表（大班）

具体指标	不能做到	在成人帮助下做到	能做到
自我认知			
1.能够正确使用并有序收放剪刀等尖锐日用品，使用或遇到尖锐物品时能有意识地保护自己，避免受伤，如不拿着尖锐物品奔跑、用完后及时放回安全位置。			
2.了解一些身心疾病和缺陷的预防知识，会主动保护自己的身体，如少吃糖，认真刷牙，保护牙齿，少看动画片保护眼睛，均衡饮食规律作息，多喝白开水少喝饮料，等。			
3.会有序上下楼，不小心摔倒时会用手先扶地。			
4.与小朋友玩耍时，会根据情况调整动作或控制速度。			
5.了解一些基本的急救知识，如创伤出血、流鼻血、烫伤等情况的紧急处理知识。			
6.对窄、高、挤、滑等常见危险情境有基本的判断，并有意识调控自己的行为。			
自我识别			
1.玩器械或玩具时会有意识地留意周围环境，能灵活避让碰撞、摔跤等危险。			
2.能够识别不适当的身体接触，知道遇到危险需要及时告诉父母。			
3.了解保护生殖器的基本常识(保持清洁、不随意触摸等)，并且不会主动去触摸别人的隐私部位，别人触碰自己隐私部位时知道避让、呼叫、逃避、寻求帮助等。			
4.知道教室里的不安全因素，了解教室里可能存在的安全隐患，不触摸插座。			
5.在玩滑梯时会有意识调节自己的动作，保护自己避让他人。			
自我适应			
1.经常保持愉快的情绪，知道引起自己某种情绪的原因，并努力缓解。			
2.面对插队、告状、抢玩具等情况能主动用语言表达和分享自己的各种情绪。			
3.在成人提醒下会用恰当的方式表达情绪，不乱发脾气。如：在成人引导下能通过听歌、看书、玩游戏、扔沙包、深呼吸等方式释放情绪。			
4.能随活动的需要转换情绪和注意力，不欺负别人，也不允许别人欺负自己。			
5.能关注别人的情绪和需要，并能给予力所能及的帮助。			
自我控制			
1.会选择适合自己的活动器械，不逞能，不给他人造成危险。			
2.能主动发起活动或在活动中出主意、想办法。			
3.与别人想法不同时，能倾听和接受别人的意见，不能接受时也敢于坚持自己的意见并说明理由。			
4.在群体中能积极、快乐地生活。			
自我救护			
1.知道并掌握火灾发生时撤离、躲避、求救等方法，如：用湿毛巾捂住嘴、挨墙沿安全出口往下跑、弯腰走等。			
2.基本掌握正确使用电器和防止触电的方法，不用湿手接触带电物品。			

	具体指标	不能做到	在成人帮助下做到	能做到
自我救护	3.知道在同伴不慎落进坑内或溺水时要大声呼救。			
	4.知道烫伤后迅速用凉水冲洗或浸泡患处。			
	5.了解地震的危害,掌握地震中自救与逃生的基本方法,如抱头躲在各类安全三角区、远离建筑物、沿着安全出口有序撤离等。			
	6.知道踩踏事件、暴乱事件及简单的逃生方法。			
自我防范	1.了解生活中常见安全隐患并能主动远离避让,掌握基本的应对方法,如煤气泄漏开窗通风、在触电事故发生后不能直接去拉触电的人等。			
	2.能牢记家人电话,走丢时能主动找警察或工作人员求助。			
	3.不给陌生人开门,不随便与陌生人接触,知道有危险时可以在人多处大声呼救或打"110"。			
	4.认识常见的安全标志,并自觉遵守安全规则,如禁止标志(禁止翻越)、提示标志(安全出口)、警告标志(当心触电)等。			
	5.不攀爬高处,不从高处跳下、不攀爬阳台等有危险的地方。			
	6.受伤后,知道向大人寻求帮助,并能详细地描述受伤的情况,知道磕伤、划伤、流鼻血、烫伤等简单的处理方法。			
	7.走失后知道简单的求救方式,如拨打求救电话,找成人帮忙,能够说清楚自己基本位置及情况。			
	8.电梯发生故障时,知道简单的紧急处理方法。			
自我调节	1.受伤后,能对自我情绪进行控制、自我消化。			
	2.在发生危险后,能对相同危险事件进行自我理解与自主消化,适当调整自己的危险行为。			
	3.能对自身身体素质、基本活动能力、运动技能水平进行自主调整与调节。			
自我服务	1.能独立照顾和管理自己的生活安全,具备基本的安全生活技能,具有强烈的生活安全意识。			
	2.对于生活中常见的安全问题能自己处理或解决,如遇到磕伤、撞伤等安全问题,进行自主解决。			
	3.对日常生活中物品安全使用规则进行自主学习。			

(2)过程性评价。

档案评价法,注重过程性记录,教师与家长共同帮助幼儿记录,用图片、幼儿绘画、文字记录等方式反映幼儿安全知识与技能发展水平。根据小、中、大班不同年龄阶段幼儿的学习与发展特点,制定过程性评价表,分别如表1-6-1~表1-6-3所示。

表 1-6-1　幼儿安全知识与技能发展过程性评价表（小班）

班级：

姓名：

时间：

请家长将幼儿的回答记录下来。

1.我的名字：＿＿＿＿＿＿＿

2.我是：＿＿＿＿＿＿＿（性别）

3.我＿＿＿＿岁。（年龄）

4.我的家人有：＿＿＿＿＿＿＿

5.他们的名字：＿＿＿＿＿＿＿

6.我的家在：＿＿＿＿＿＿＿

记录人＿＿＿＿＿＿＿＿记录时间＿＿＿＿＿＿＿＿

表 1-6-2　幼儿安全知识与技能发展过程性评价表（中班）

班级：

姓名：

时间：

家长提问并记录幼儿的回答。

1.和爸爸妈妈一起去商店等地方时，突然找不到他们了，你应该怎么办？

＿＿＿＿＿＿＿＿＿＿＿＿＿＿＿＿＿＿＿＿＿＿＿＿＿＿

＿＿＿＿＿＿＿＿＿＿＿＿＿＿＿＿＿＿＿＿＿＿＿＿＿＿

2.当你和家人走失时，应该拨打以下哪种特殊号码？（请在相应栏内用√表示）

120	110	119	114

3.你认识下面的安全标志吗？

红绿灯	小心有电	紧急出口	当心滑跌
安全楼梯	禁止靠近	禁止攀爬	请系好安全带

记录人＿＿＿＿＿＿＿＿记录时间＿＿＿＿＿＿＿＿

表 1-6-3　幼儿安全知识与技能发展过程性评价表（大班）

班级：

姓名：

时间：

遇到坏人该怎么办？

着火了该怎么办？

受伤了该怎么办？

记录人_____记录时间_____

3. 对课程目标、内容、方式的有效性与适宜性评价——课程评价

1）实验方法

在自然的教育环境中，由相关专业人员对实验班幼儿开展提升幼儿安全自护能力的

相关教育活动，以此来提升幼儿安全自护能力。在实验开展前，须对实验班和对照班幼儿的安全自护能力进行前测，以此来检验实验班与对照班的幼儿是否具有同质性。实验结束后，再对实验班和对照班幼儿的安全自护能力进行后测，并对前测、后测得到的数据进行统计分析，以此来考察提升幼儿安全自护能力相关教育活动的实施效果。

2）实验变量

（1）自变量。

自变量为提升幼儿安全自护能力的教育活动。结合小、中、大班幼儿的身心发展水平以及幼儿安全自护能力发展的实际情况，设计了初步的教育活动方案，共计 18 次活动。

（2）因变量。

因变量为幼儿安全自护能力。通过三个相关的实验对小、中、大班三个年龄段幼儿进行前后测，并对前后测的结果进行差异检验，验证幼儿安全自护能力的教育活动是否能够有效地提升幼儿的安全自护能力。

（3）无关变量的控制。

对于教师专业技术水平，实验班与对照班教师师资力量、专业能力应基本相同；关于课程设置，实验班与对照班学期课程设置、授课时间应基本相同；对于教育方案，实验班与对照班除了提升安全自护能力的教学活动不同外，其他活动应大致相同，但两个班不能互相沟通和交流教学方案。

针对小、中、大班三个年龄阶段的幼儿分别设计三个实验，每个情境设计都隐藏着可能导致事故发生的诱导因素，然后让幼儿在理解情境的基础上，考察其能否识别出情境中蕴含的危险因素，并通过向幼儿进行提问，以记分的方式来判断幼儿的安全自护能力。

3）实验情境设定

情境一：自我救护、自我防范能力——拐骗行为对幼儿安全自护能力的影响

（1）实验目的：考察拐骗行为对幼儿安全自护能力的影响。

（2）实验材料：录制好的视频资料 2 份，电脑一台，奖励贴纸。

（3）实验步骤：

第一步，准备阶段。主试随机抽单个幼儿到安静的房间进行实验，主试向被试介绍视频内容。

第二步，熟悉阶段。播放两段视频（播放顺序在被试间平衡），视频一中播放信息：红宝宝在陌生叔叔的指引下喝下了叔叔给的可乐。视频二中播放信息绿宝宝拒绝了陌生叔叔的可乐。

第三步，测试阶段。出示测试表（表 1-7）。

表 1-7　测试表

事项	幼儿自评选项	
你觉得视频中哪个小朋友的行为是正确的？	红宝宝	绿宝宝
如果你是视频中的小朋友，你会喝陌生叔叔给的可乐吗？	会喝	不会喝

第四步，结束实验。感谢幼儿参与并对幼儿进行肯定，赠送幼儿贴纸。

情境二：自我认知、自我识别能力——人身安全对幼儿安全自护能力的影响

(1)实验目的：考察幼儿人身安全对幼儿自护能力的影响。

(2)实验材料：录制好的视频资料1份，奖励贴纸、4张答案图片。

(3)实验步骤：

第一步，准备工作。主试随机抽单个幼儿单独到安静的房间进行实验，主试向被试介绍视频内容。

第二步，熟悉阶段。带幼儿观看视频，视频内容：一小孩在与家长一同出门的过程中走失。

第三步，测试阶段。出示测试表(表1-8)。

表1-8 测试表

事项	幼儿自评选项	
视频中的小朋友走丢后要不要在原地等爸爸妈妈回来找他？	要	不要
视频中的小朋友要不要去找警察叔叔帮忙？	要	不要
视频中的小朋友要不要去找爸爸妈妈？	要	不要

第四步，结束实验。感谢幼儿参与并对幼儿进行肯定，赠送幼儿贴纸。

情境三：自我适应、自我控制能力——心理安全意识对幼儿安全自护能力的影响

(1)实验目的：考察幼儿心理安全意识对幼儿安全自护能力的影响。

(2)实验材料：录制好的视频资料1份、电脑1台、奖励贴纸。

(3)实验步骤：

第一步，准备工作。主试随机抽单个幼儿单独到安静的房间进行实验，主试向被试介绍视频内容。

第二步，播放视频(播放顺序在被试间平衡)，视频内容：红果果在幼儿园开心地进行一日活动，但在游戏时自己手中的玩具被抢了，伤心地哇哇大哭。

第三步，测试阶段。出示测试表(表1-9)。

表1-9 测试表

事项	幼儿自评选项	
红果果现在的心情是开心还是难过？	开心	难过
红果果能把伤心的事情告知老师吗？	不可以	可以
现在红果果可能会说什么？	我很伤心	我看妈妈的照片我就不哭了

第四步，结束实验。感谢幼儿参与并对幼儿进行肯定，赠送幼儿贴纸。

整体数据通过问卷调查与记录收集后，采用SPSS23.0对实验结果进行处理分析，从幼儿对安全教育内容的认知、识别、适应、控制、防范、救护等方面的发展水平了解课程目标的设置是否合理，以及了解课程内容与课程开展方式的适宜性。

<h1 style="text-align:center">第五节　幼儿园安全教育课程管理</h1>

在课程管理方面，本书的研究团队制定了各项课程管理细则，以追求课程构建过程中各个工作环节的高质量推进，全方位营造科学、严谨、高效的团队合作氛围，促进幼儿园"8S"安全教育课程的进一步完善和高质量实施。

一、课程管理组织结构

幼儿园课程管理不仅限于课程内容如何，还意味着要推进课程计划、编制与实施课程、展开与评价课程，以及在这一系列过程中所进行的组织、运营上的条件创造。这一系列的工作都需要专门的组织机构对其进行整合及规划。

1. 幼儿园课程领导小组

成立以园长为第一责任人的课程领导小组，加强对课程改革工作的领导，促进课程改革工作的有序进行。

课程领导小组组长：园长。

课程领导小组副组长：执行园长。

课程领导小组组员：保教管理人员。

2. 幼儿园课程管理中心

成立以园长为核心、管理者为主体，教师与家长为代表的课程管理中心，负责课程方案的编制、优化以及课程的实施与评价。基于共享、共构、共进、共育的合作理念，让课程资源共享、课程成果共享，使其得到更加广泛地推广与运用。

二、课程管理措施

制订安全教育课程管理方案，注重幼儿园日常安全教育活动质量管理，包括安全计划管理、安全教育质量管理等。

1. 增强教师课程管理自主权

增强教师课程管理自主权，要认同教师的课程理念、支持教师的课程实践、提升教师的课程主体意识、发挥教师的课程领导力，即赋予教师课程建设与实施的自主权。同时，要定期组织教学活动的观摩研讨，寻找课程问题，完善课程内容，不断帮助教师明确课程内容选择、课程目标设定、课程实施与建构的正确方向，突出人本理念的自主性。

2. 建立各项课程管理制度

制定各项课程管理制度和课程的管理细则，包含：教学管理制度、教学计划制定制度、随堂听课制度、教研组长职责制度、常规工作制度、教学研讨制度、教研课落实制度、备课本检查制度，通过各项制度管理加强课程管理工作的针对性和实效性，提高课程管理质量，全方位监督课程管理的各项工作和任务。

3. 规范各项课程管理执行表

规范课程执行表格，一日作息时间安排、各学期安全教育主题计划、月计划、周计划、日计划、安全演练等活动安排，细化管理重点及活动安排。课程的设置与执行要严格按照构建的体系实施与管理，使课程教学进程科学有序，促进教学资源合理高效配置。

三、充足完备的课程实施保障

在课程实施的过程中，为其提供充足的课程实施保障是课程管理的重要职责。为此，需要建立全方位的课程保障体系，包括制度保障、资源保障和经费保障，减少教师在幼儿园安全教育课程实践中的阻力，最终助力教师最大化地实现幼儿园"8S"安全教育课程的价值。

(一)制度保障

每周例会：管理人员利用每周例会对班级教师进行安全培训，提升教师安全素养。

园级培训：邀请专家进入幼儿园进行园级规模的教师培训，提高教师专业技能。

研讨活动：扎实开展基于安全教育问题、安全教育项目、安全教育研究的说、看、评。

"双考核"模式："专业晋级考核"与"绩效考核"相结合，保障课程实施落地。

教、科、研一体化：深度融合，形成课程改革成果。

(二)资源保障

课程资源开发与利用是幼儿园课程改革非常重要的一个内容。在课程探索中充分认识"资源"在课程建设中的重要性，意识到课程建设不是某个人或某个群体单方面就能做好的，而是需要幼儿园、家长、社区的共同参与。

1. 整合多方资源

创设"师资培训中心""保教研究指导中心""课程资源开发中心"，深入挖掘中心资源，根据幼儿园课程实施的具体情况按时制定切实可行的安全教育计划，将计划分解到各月，按月开展活动，形成"主题活动""环境创设""游戏材料投放""媒体课件"等资料库，并进行资源共享，供教师们参与学习。

2. 建立幼儿园网站和"分享群"

培养管理人员和教师熟练运用信息技术手段，分享各类教育资源和信息，各班通过班级线上交流群让家长及时了解班级课程实施的内容和过程，及时进行家园沟通。

3. 家长及社区资源

充分挖掘家长资源，建立良好的家园合作关系，使家长参与到课程实践中。例如，邀请家长进课堂、鼓励家长担任志愿者、举办家长沙龙活动等。充分利用社区资源，即利用社区的设施设备、生活环境、人文环境等方面的资源。

(三)经费保障

加强经费投入，通过课程环境打造、教师培训、教学用具的添置等来保证幼儿园"8S"安全教育课程的高效、优质运行。幼儿园"8S"安全教育的课程建构是在教学实践中不断调整与完善的过程。本书的研究团队坚信，只要一如既往地加强实践与反思，定能在安全教育课程管理与实施中取得长足的进步。

第二章 绘出安全乐谱的主题活动

幼儿园课程具有生活性、游戏性、活动性和直观性的特点。为了丰富幼儿园课程实践，帮助幼儿掌握8个安全自护能力。本书设计了一系列的安全教育主题活动。

主题活动一：神奇的我（小班）

王　琳　廖静红　樊　娟

一、主题由来

为了让孩子能够正确认识自己、保护自己，健康地成长，开展了安全教育主题活动"神奇的我"，通过系列活动"认识我的身体"，引导幼儿初步了解身体的结构及身体各部位的功能，知道男孩和女孩的不同之处。在"我的五官"系列活动中，通过爱护眼睛、保护牙齿和耳朵等活动，在游戏中学会刷牙、穿衣服等生活技能，掌握简单的缓解情绪的方法，提高幼儿的生活自理能力，并懂得照顾自己和保护自己的五官。再通过"保护自己我知道"活动的开展，引导幼儿初步学会辨别身体的危险，从而更好地保护自己，主题网络如图2-1所示。

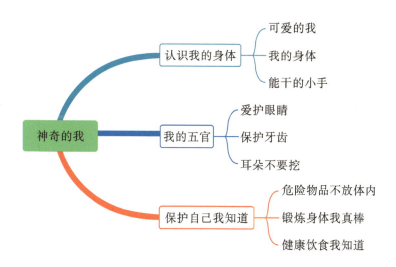

图2-1　"神奇的我"主题网络图

二、主题主要内容

活动内容	"8S" 能力							
	自我认知	自我服务	自我识别	自我防范	自我调节	自我控制	自我救护	自我适应
可爱的我	√		√					
我的身体	√		√					
小脚棒棒棒						√		√
头发、肩膀、膝盖、脚	√		√					√
能干的小手		√		√			√	
男生女生我知道	√		√	√				√
牙齿咔咔咔			√					
耳朵不要挖	√			√		√		
保护牙齿				√	√	√		
神奇的鼻子	√			√		√		
肚子里的秘密				√		√		
爱护眼睛				√		√		
危险动作我不做			√	√		√		
远离危险物品	√			√		√		√
锻炼身体我真棒				√		√		
健康饮食我知道		√				√		√

三、主题教育目标

(1) 了解自己的身体是由头、颈、躯干和四肢四大部分组成的。

(2) 学习用观察、比较的方法进行简单的探究活动。

(3) 通过观察自己的五官，了解面部特征，并大胆表现。

(4) 知道小手的本领有很多，可以照顾自己也可以帮助他人。

(5) 体验自己动手做事带来的快乐感和满足感。

(6) 能根据音乐的节奏，边唱边识别自己的五官。

(7) 认识眼睛的构造、用途，学习保护眼睛的方法。

(8) 知道耳朵的功能，会用耳朵辨别不同的声音。

(9) 懂得耳朵对人的重要性，了解保护耳朵的方法，以及相关健康小常识。

(10) 通过绘本内容，初步了解肚子里的器官及作用。

(11) 认识牙齿的特征，知道牙齿原本的颜色是浅黄的。

(12) 指导及时清洁牙齿上和牙缝里的食物，保护牙齿。

（13）学会正确的刷牙方法，保持口腔清洁，养成每天早晚刷牙的好习惯。

（14）愿意参与体育锻炼，增强身体抵抗能力，养成良好的意志品质。

（15）能初步辨别有危险的事物，有一定的安全意识与自我保护能力。

（16）知道选择健康的食物，学会爱护自己的身体。

四、主题活动规划

（一）活动进程

1. 第一阶段——认识我的身体

为了让幼儿能够更加全面认识自己，了解自己身体的结构及各部位的功能，知道男孩和女孩的不同之处，开展了"可爱的我""能干的小手""头发、肩膀、膝盖、脚""小脚棒棒棒"等活动，让幼儿通过探索、绘画、音乐及互动游戏，辨别自己的身体，更好地认识自己的身体。

2. 第二阶段——爱护我的五官

让小班的幼儿认识、了解自己的五官名称、用途以及五官防护的重要性，本阶段主题活动的开展内容将与幼儿的生活息息相关。在日常生活中，孩子爱做许多动作，如挖鼻子、挤眼睛、掏耳朵、咂嘴巴、做鬼脸等，样子十分可爱。但为了让幼儿更全面地了解五官的用途，启发其在认识了解五官的基础上保护五官，开展了"耳朵不要挖""保护牙齿""神奇的鼻子""保护视力"等活动，让幼儿了解五官的重要性，从而注重自身五官的安全防范。

3. 第三阶段——保护自己我知道

通过前期活动的开展，幼儿对自己的身体及器官有了深刻的认识，但由于小班幼儿生活经验较少，危险发生时自我保护、自我逃生的能力较弱，所以家长和教师在保护他们的同时更应该让他们去了解危险，学会在危险中自救。本阶段开展了"危险动作我不做""远离危险物品""锻炼身体我真棒""健康饮食我知道"等活动，不仅让幼儿学会了保护自己的技巧和方法，而且加强了幼儿锻炼，增强幼儿体质，促进其体格发育，从而提升幼儿自我识别及自我保护能力。

（二）区域提示

区域名称	区域材料
科学区	1.各种身体结构及组成卡片； 2.各类人体、牙齿、眼睛等模型； 3.放大镜、眼镜、不同人体器官拼图、相关活动的图片及记录单
美工区	1.皱纹纸、牛皮纸、瓦楞纸、复印纸、报纸、贴纸、宣纸等各种纸张； 2.画笔、水彩、水桶、调色盘、油画棒、水彩笔等工具； 3.剪刀、胶棒等美工工具（画出"可爱的我"和自己喜欢的五官）； 4.制作剪纸卡，投放足量的人体轮廓图，让幼儿进行五官添画； 5.各种纸箱、纸盒、饮料瓶、易拉罐

区域名称	区域材料
益智区	1.各种各样的纸若干张，剪刀、胶棒、胶带，一个较大的纸箱，能够用双手感受手指的神奇； 2.各种各样的桌面玩具； 3.相关的人体结构图片、五官贴等； 4.七巧板、拼图、毛绒球、雪花飘、积木等； 5.投放"手指变变变"图片，幼儿可以用手指和手掌变出不同的形状和图案
图书区	1.投放相关书籍：《身体大揭秘》《我的五官》《远离危险》《健康饮食我知道》等
角色区	1.废旧材料制作的人体模型和角色扮演的道具等； 2.提供医生服、餐厅服、海报等； 3.提供纸箱制作的救护车； 4.小厨房游戏物品(不同的蔬菜、水果、餐具、菜单等)

(三)家园共育

(1)请家长为幼儿提供有关身体知识和人身安全方面的书籍，并与幼儿共同阅读，激发孩子对生命安全的兴趣和关注。

(2)带领幼儿关注身边的残疾人，以及自我保护专题栏目，感受身体健康的珍贵。

(3)幼儿在日常生活中与家长一起寻找、发现、收集各种对身体健康有益的方法，并将它们记录下来。

(4)完成主题"认识我的身体""我的五官""保护自己我知道"等互动任务单。

(5)参与社会实践活动，如爱眼日宣传活动、爱牙日宣传活动、关爱残疾人等。

(6)和幼儿一起进行亲子绘画"可爱的我"。

(7)亲子互动玩"头发、肩膀、膝盖、脚""请你猜猜我是谁"等游戏。

(8)学习保护牙齿、保护视力的技巧和方法。

(四)主题环创

1. "认识我的身体"

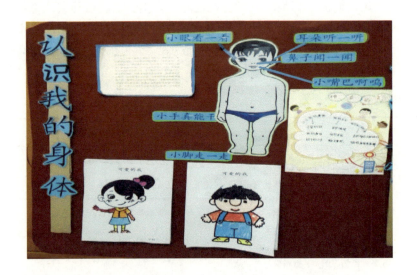

"认识我的身体"主题活动的目标是让孩子们认识自己身体的外部器官，了解它们的重要性，知道它们的作用，进而产生保护它们的欲望。为了让孩子清楚地了解身体各部分的名称，特别制作了人体结构图，并对每一个部位做出了细致的名称标注，让幼儿准确认识与辨别。鼓励幼儿能够大胆地用语言表达出身体各部分的作用，最后在教师的引导下，感受身体的灵活，以及与生活的相关性，从而引导幼儿更好地保护自己的身体。

2. "我的五官"

本阶段的主题活动，主要让幼儿认识五官，了解五官的具体作用，帮助孩子了解每个人都有两只眼睛、两只耳朵、一个嘴巴、一个鼻子，嘴巴里有牙齿和舌头，它们是人体上最重要的器官，缺少了哪一样都不行。引导幼儿做好五官的保护，知道通过远离电子产品来保护眼睛，早晚刷牙保护牙齿，不用手挖鼻子和耳朵，等等。为了丰富孩子的认知，在区域中投放了五官贴和五官拼图，让幼儿通过动手操作巩固五官的正确位置，激发幼儿对五官保护的欲望，建立初步的自我保护意识。

3. "保护自己我知道"

"保护自己我知道"主题活动的目的有三方面。首先，让孩子知道不玩、不接近危险物品，不做危险的事，遵守社会行为规则，不做"禁止"的事，了解一些简单的安全常识和自救方法。其次，让孩子了解自己的身体，不仅要避免危险的伤害，还要从饮食健康管理做起，只有健康的食物才会对自己的身体有益，摄入不健康的食物会对身体有害。最后，加强体育锻炼，增强抵抗力，促进体格发育，从而做好身体健康的保护。

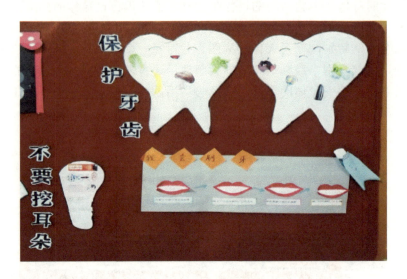

五、主题典型活动

★典型活动一：我的身体

活动目标：

(1)了解身体各部分的名称，并能用语言表达出身体各部分的作用。

(2)有关注自己身体的意识，爱清洁，讲卫生。

活动准备：

身体各器官图(多媒体展示)、音乐——《头发、肩膀、膝盖、脚》、视频——《我爱洗澡》。

活动过程：

(一)导入话题

"小朋友们今天特别精神，老师特别喜欢你们，和老师一起跳个舞好吗？"小朋友和老师一起跳舞《头发、肩膀、膝盖、脚》。

(二)认识身体各部分

"下面我们就来认识一下我们的身体"，出示多媒体。小朋友跟老师说一遍"我的身体"。

1. 出示眼睛图

教师引导幼儿确认眼睛的位置，并说出眼睛的作用。

"老师把它编成一句好听的话，'我用眼睛来看书，我的眼睛看一看'，谁能学着说？"(幼儿学说话)

2. 出示耳朵图

教师引导幼儿确认耳朵的位置，并说出耳朵的作用。

教师出示听歌图，引导幼儿说"我用耳朵听声音，我的耳朵听一听"。

3. 出示鼻子图片

教师引导幼儿确认鼻子的位置，并说出鼻子的作用。引导幼儿跟老师说"我用鼻子闻气味，我的鼻子闻一闻"。

4. 出示嘴巴图片

教师引导幼儿确认嘴巴的位置，并说出嘴巴的作用。引导幼儿跟老师说"我用嘴巴来说话，我的嘴巴说一说"。

5. 出示小手图片

"小朋友，你们的小手在哪里？拍一拍你们的小手"。

"你们的小手还可以干什么？"

6. 出示写字图

引导幼儿说出小手的作用，引导幼儿跟老师说"我用小手来写字，我的小手写一写"。

7. 出示小脚图片

引导幼儿说出小脚的作用，引导幼儿跟老师说"我用小脚来跑步，我的小脚跑一跑"。

(三)做游戏

老师想跟小朋友做一个游戏，叫"眼睛、耳朵、鼻子、嘴"。

提问："它们可以做什么？"

重复："我用眼睛来看书，我的眼睛看一看。"

"我用耳朵听声音，我的耳朵听一听。"

"我用鼻子闻气味，我的鼻子闻一闻。"

"我用嘴巴来说话，我的嘴巴说一说。"

"我用小手来写字，我的小手写一写。"

"我用小脚来跑步，我的小脚跑一跑。"

(四)做运动

"下面，我们来做一段有趣的运动。"

小朋友跟老师边说边做"我的头儿点一点，我的脖子转一转，我的肩膀抖一抖，我的小手挥一挥，我的肚子拍一拍，我的屁股扭一扭，我的大腿晃一晃，我的小脚抬一抬"。

（五）教育幼儿讲卫生

"小朋友要勤洗澡、洗脸，保持身体的干净清爽，才能长得更健康。今天我请来了两个小客人，宝宝和贝贝(宝宝干净，贝贝脏)，大家向他们问好。"

"你们喜欢谁？为什么？"(喜欢讲卫生的孩子)

"来，我们来帮贝贝洗洗。"示范洗手、洗脸。

（六）视频教育

幼儿观看视频，并学做《我爱洗澡》。

活动总结：

"我们的身体"是本次主题活动开展的首要内容之一，活动的目标是让孩子们认识自己身体的外部器官，了解它们的重要性及其作用，进而激发幼儿保护五官的愿望。首先，在老师的引导下，孩子们能精准地认识自己身体各部位并熟悉、体验身体各部位的作用，在层层深入的活动中展开。其次，为了让孩子体验到缺少身体任何一部分都会给生活带来不便的道理，与幼儿进行"不许动"的游戏，在这一环节中，引导孩子了解和学习那些易被忽视的人体器官，了解它们的作用，从幼儿实际出发，让活动真正走进孩子的生活。最后，通过引导幼儿认识身体部位的重要性来激发幼儿对五官的保护欲，为下一个环节的学习做铺垫。

★典型活动二：我的五官

活动目标：

(1)认识五官，初步了解五官的主要作用。

(2)知道爱护五官，学习一些简单的保护方法。

活动重点：

认识五官的主要作用。

活动难点：

爱护自己五官的方法。

活动准备：

小镜子。

活动过程：

（一）照镜子找五官

幼儿每人一面镜子，玩照镜子的游戏。回答问题："你的脸上有什么？它们在哪儿呢？"

（二）听口令指五官

(1)教师即兴说出五官的名称，幼儿用手指点。

(2)教师不断变换口令，速度不断加快。

（三）了解五官的作用

(1)教师告诉幼儿，眼睛、嘴巴、鼻子、耳朵、舌就是我们常说的五官。

(2)想一想，说说五官的作用。

（四）保护五官

(1)幼儿想一想、说一说。眼睛、耳朵……都很重要，我们应该怎样保护它们呢？

(2)教师小结：不用脏手揉眼睛，不挖鼻孔，不掏耳朵，不把脏东西放到嘴巴里，不把小东西放在口、鼻、耳中……

（五）游戏"贴五官"

准确掌握五官的位置。

活动总结：

活动开始，以游戏导入激发幼儿探索的兴趣。听口令指五官的游戏引起了幼儿对五官名称的关注，随后，引导幼儿一起深入了解五官的作用。在这个环节中，通过让幼儿猜一猜、看一看、想一想等多种形式了解五官的作用，之后便引到保护五官的话题上，幼儿在自主谈话中围绕卫生习惯和行为习惯发表自己的意见，为今后在日常生活中幼儿行为习惯的培养做了铺垫。"贴五官"则要求幼儿在准确掌握五官位置的基础上，完成位置的对应，这是对幼儿能力的进一步强化。

六、反思与生成

《幼儿园教育指导纲要(试行)》明确指出：幼儿园必须把保护幼儿的生命和促进幼儿的健康放在工作首位，要为幼儿提供健康、丰富的学习和生活活动。由此可见安全工作的重要性。在这次"神奇的我"主题活动开展中，利用身体这一活教具，通过教育教学和游戏活动的深入，加深了幼儿对身体各个器官的认识。在互动游戏活动中，孩子们在教师的引导下亲身体验到了各个器官的用处，还联想到了一些细节，如关节，如果没有关节，我们的身体就不会动。同时针对身体各种器官的作用，充分利用幼儿的发散性思维，说出应该怎样做好身体的自我保护。

本次活动从简单地描述身体器官，到细致深入地了解它们的用处和保护方法，使幼儿对身体的保护意识得到一定的提高。但在如何保护这些器官的问题上，虽然幼儿的思维很开阔，但知识的系统性还较差，因此在日常教学活动中调整了方向，在区角材料的投放方面丰富孩子的知识。在活动的跟进中，教师更以参与者的身份加入幼儿的活动，通过故事、儿歌、主题活动、区域游戏、实践活动等，开展多样化的安全教育活动，促进了幼儿自我安全意识和能力的提升。在活动中还邀请了保健医生进课堂，向幼儿教授专业的医学知识。另外，通过学习安全教育平台里面的自我保护常识，更加有效地加强了幼儿安全意识。幼儿的生命安全教育要与家长一同进行，需要加强与幼儿家长之间的配合，让家长一起对幼儿进行人身安全教育。鼓励幼儿在日常生活中和家长一起去探索，进一步激发幼儿的学习兴趣，通过家园合作切实提升幼儿的安全自护能力。

主题活动二：玩具大城堡(小班)

戴　阳　王思旭　文　玉

一、主题由来

　　玩具是幼儿童年生活的亲密伴侣，是孩子心爱的宝贝。眯眯笑的娃娃、蹦蹦跳的皮球、嘟嘟开的汽车……无不散发着奇妙的魔力吸引他们看看、玩玩。特别是幼儿园入园初期，熟悉的玩具能带给他们抚慰和快乐，可以减轻幼儿与父母的分离焦虑。同时，孩子在玩玩具过程中也存在潜在危险！由此，本次主题以幼儿喜欢的玩具为中心来组织活动，使幼儿主动感知玩具的种类及危险，并学会与同伴一起分享玩具，学习整理和爱护玩具，增强自我保护意识，主题网络如图 2-2。

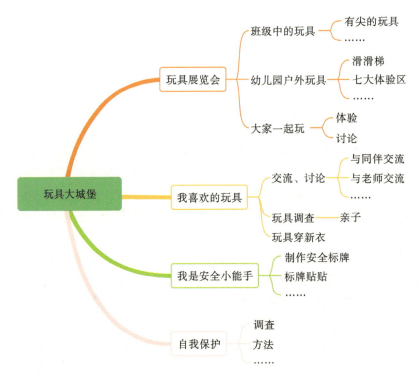

图 2-2　"玩具大城堡"主题网络图

二、主题主要内容

活动内容	"8S" 能力							
	自我认知	自我服务	自我识别	自我防范	自我调节	自我控制	自我救护	自我适应
帮玩具找家	√		√					
分享玩具		√	√			√		√
玩具大家玩	√		√		√			
玩具的分类					√		√	
我们一起玩滑梯	√			√				√
好玩的玩具		√				√		√
玩具城		√		√			√	
小熊受伤了		√		√			√	
玩具进行曲			√		√			
玩具排排队				√				√
我喜欢的玩具	√		√					
玩具不争抢				√			√	
安安全全玩玩具					√			√
玩具恰恰恰						√		√
玩具总动员			√		√			
小兔的玩具店	√	√						

三、主题教育目标

(1)知道并能正确使用借用玩具的方法，并能及时归还。

(2)知道在公共区域玩大型玩具的规则，并逐步建立排队的规则意识。

(3)熟知班级中玩具物品的摆放位置，并能按标记一一对应摆放。

(4)了解玩具塞入鼻孔、嘴巴等器官的后果，增强自我保护意识。

(5)幼儿学习正确玩大型玩具的方法，不做危险动作。

(6)能大胆、清楚地介绍自己喜欢的玩具，了解玩具的玩法及特征。

(7)愿意和同伴分享、交换玩具，体验分享的快乐。

四、主题活动规划

(一)活动进程

1. 第一阶段

收集并认识不同玩具的玩法。在"玩具大城堡——我喜欢的玩具"主题活动中，孩子们和爸爸妈妈共同收集了自己喜欢的玩具，并且对玩具的形状、颜色有了初步的了解。孩子们用涂色的方式，为自己喜欢的玩具"穿上了好看的花衣服"，在教师及家长的鼓励下大胆地和同伴交流自己喜欢的玩具颜色。孩子们在学习涂色方法的同时发展了语言表达能力。

2. 第二阶段

引导幼儿认识和了解自我防护的方法。孩子对玩具的颜色、特征、形状等了解以后，他们发现玩具的种类太多了，想帮玩具归类，因此设置了主题活动："玩具大城堡——玩具进行曲"。在主题活动中孩子将自己喜欢的"海陆空"玩具进行分类。他们在活动中认识到各类玩具有的是尖尖的、有的是容易吞进肚子的等，并从中找到自我防护的方法。

3. 第三阶段

增强幼儿安全意识。幼儿园里的各类玩具深受孩子喜爱，他们很喜欢和同伴一起玩耍。为了提高孩子玩玩具时的安全意识，班级设置了"玩具大城堡——我是安全小能手"的主题活动。有了前期经验的了解，安全对于孩子们来说并不陌生，通过丰富的系列活动，可以增强孩子玩各类玩具的安全意识。

（二）区域提示

区域名称	区域材料
玩具店	1.收集孩子喜欢的玩具，并将玩具放到区角里；2.投放借玩具的卡片；3.不同材质的玩具
美工区	1.围裙、护袖；2.各类玩具的模型；3.胶泥；4.各种玩具的简笔画
益智区	1.各类可拼接玩具的材料；2.各种纸箱、纸盒
图书区	1.有关玩具安全的绘本；2.扮演安全故事里角色的人偶（表演安全情景）
糖果屋	1.玩具糖果模具；2.糖果盒和各种糖纸
娃娃家	1.各种玩具娃娃；2.符合幼儿年龄特点的玩具，便于幼儿尝试角色扮演

（三）家园共育

（1）请家长与幼儿共同完成"玩具大城堡"的相关调查表。

（2）家长在日常生活中引导幼儿了解各种玩具使用安全注意事项，提高幼儿自我保护的能力。

（3）家长和孩子共同收集玩具。

（4）家长在家和孩子一起创设"玩具之家"。

（四）主题环创

1."我喜欢的玩具"

根据班级幼儿的年龄特点和兴趣设置了主题活动"玩具大城堡——我喜欢的玩具"。班级教师和孩子一起讨论"你最喜欢什么玩具？""你喜欢的玩具是什么样子的？"等话题。家长和孩子共同完成《玩具大调查》调查表，培养孩子积极思考和语言讲述的能力。在老师的带领下，孩子和同伴一起分享自己喜欢的玩具，并将玩具的形状、颜色等特征初步介绍给同伴。最后，孩子们参与"投票"活动，根据自己的想法对玩具进行投票，统计出孩子们最喜欢的玩具是玩具汽车。

2. "玩具展览会"

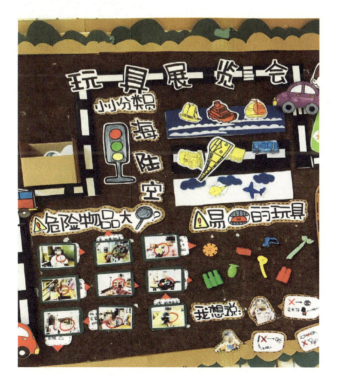

　　"玩具展览会"主题活动包含"小小分类员""危险物品大发现""易吞的玩具"系列活动。在"小小分类员"中，孩子们对"海陆空"的交通工具进行了分类；在"危险物品大发现"中，孩子们寻找了班级和幼儿园大环境中各类玩具存在的危险，也提醒同伴玩耍的时候注意安全；在"易吞的玩具"中，孩子们了解到如果将玩具吞进肚子里会引起的危害，从而提高自我防范的意识。在整个活动中孩子们参与的兴趣较高，在玩耍中学到了自我保护的方法。

　　3. "我是安全小能手"

　　幼儿在前期活动中已掌握了初步的安全技能。在"玩具安全判断员"中，孩子们根据相应的表情进行对错判断；在"大家一起玩"活动中，孩子和同伴一起玩耍，在实践中提高社会交往能力，初步学习用轮流、协商、交换等方式与他人一起玩玩具，增强同伴之间的合作、分享意识；在整理和为玩具清洁卫生的实践活动中增强了爱护玩具、有序收放玩具的规则意识；家长和孩子一起为幼儿园里的大型玩具制作安全标牌，增进了亲子之情，增强了安全的意识。

五、主题典型活动

　　★典型活动一：玩具找家（重点领域：数学）
活动目标：
（1）学习如何根据物品的种类或某种特征对玩具进行归类。
（2）初步培养幼儿的合作意识。
（3）体验操作游戏的快乐。

活动准备：

各种玩具若干，各种玩具标记。

活动过程：

(1)教师把准备好的玩具混合在一起，运用"哭"的形式吸引幼儿注意。

教师故意问："谁在哭？"

教师："不是，是一些迷路的小玩具在哭，听，它们又哭了。"老师又发出哭的声音，边哭边说："呜！呜！呜！我要回家，我要回家，但是我迷路了，谁送我回家？"

教师提问："谁来帮助这些迷路的玩具回家呀？"激起幼儿主动学习、主动操作的欲望。

教师："但是这些迷路的玩具都混在一起了，它们住的家都不一样，如果你们送错了地方，它们还是会很伤心地哭的。那我们先一起来认识一下它们，等会再送它们回家。"

(2)教师出示玩具标记，让幼儿认识每个标记代表谁的家，然后教师拿一些玩具与幼儿一起送玩具回家(老师扮演玩具的声音对幼儿说出礼貌用语"谢谢")。

(3)幼儿游戏操作。送玩具回家，教师巡回指导。

六、活动延伸

我们一起去找找看看还有没有迷路的小玩具。这样会更快乐！

★典型活动二：一起去玩滑梯(重点领域：社会)

活动目标：

(1)懂得玩滑梯时应遵守"先到先玩、人多排队、不从下往上爬"等规则。

(2)知道在公共区域玩大型玩具的规则，并愿意遵守，逐步建立排队的规则意识。

活动准备：

相关课件、滑滑梯。

活动过程：

(1)幼儿回忆玩滑梯的场景，探究小兔玩滑梯受伤的原因。

①回忆玩滑梯的情景，并说说玩滑梯的心情。

②教师出示小兔哭泣的图片，幼儿猜测小兔玩滑梯受伤的原因。

③教师以小兔的口吻述说自己受伤的原因。

④幼儿讨论小熊哪里做得不对，正确的做法应该是什么。

(2)引导幼儿讨论并愿意遵守玩滑梯的规则。幼儿回忆自己玩滑梯经验，讨论大家一起玩滑梯应遵守的规则。

(3)实践活动：集体去玩户外大型滑梯，在活动中逐步增强规则意识。

①教师带领幼儿去玩滑梯，提醒幼儿想一想玩滑梯时有哪些规则。

②在幼儿玩的过程中，教师应注意观察幼儿是否遵守玩滑梯的规则，及时表扬、鼓励、强化幼儿正确的行为。

七、反思与生成

本次主题活动的设计与实施旨在让幼儿认识不同玩具，并认识到玩具具有一定的危险性，从而引导幼儿正确使用玩具，保护自身安全。

通过"玩具大城堡"的一系列丰富的活动，孩子们从玩具的特征、玩具种类、玩具中的安全等方面收获颇多，重要的是他们的安全意识增强了。现在他们知道：滑滑梯时要排队有序、骑小车时要按照地上的标志骑行、玩具手枪不能对着别人等等。有了安全玩玩具的意识，他们会感受到玩具带来的更多乐趣，同时也会在玩耍中增强自我保护意识。

主题活动三：智慧小红帽(小班)

成　洁　张欣翌　赵维佳

一、主题由来

儿童失踪、被诱拐对一个家庭来说无疑是灭顶之灾。近年来，幼儿诱拐事件时有发生，为了保护幼儿安全，增强幼儿自护能力，引导幼儿了解防拐骗知识至关重要。因此开展了"智慧小红帽"的安全教育活动。

主题活动依据幼儿的年龄特点，通过集体教育活动、区角游戏、角色扮演、家园合作、实践演练等途径来展开。活动内容包括"防拐骗小知识""防拐骗小技巧""实践活动""被拐后的自救"，力图在活动的开展中引导幼儿获得相应的防拐骗自护自救技能，强化幼儿的安全防范意识，主题网络如图2-10所示。

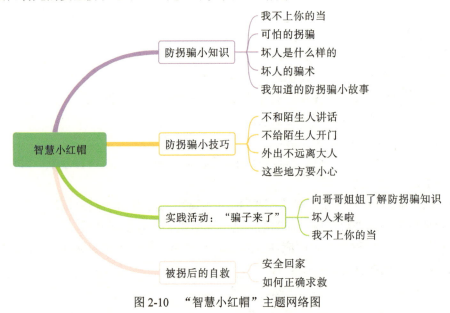

图2-10　"智慧小红帽"主题网络图

二、主题主要内容

活动内容	"8S" 能力							
	自我认知	自我服务	自我识别	自我防范	自我调节	自我控制	自我救护	自我适应
怪叔叔	√						√	
谁的电话要牢记	√		√					
你拍一，我拍一				√		√		
外出不远离大人			√					
防拐骗儿歌	√	√						
宝贝回家				√		√		
不上你的当	√		√					
陌生人，请你走开					√		√	
坏人长什么样		√						
坏人来了怎么办						√		√
陌生人		√					√	
认识拐骗伎俩			√	√		√	√	
陌生人，不靠近	√				√			
猜猜谁来了		√			√		√	
防拐骗	√		√					
送你几颗糖		√				√		√
如何求救	√	√			√			
我不跟你走			√			√		
坏人来了	√	√	√					

三、主题教育目标

(1)知道强健身体才能战胜坏人，提高自我防范意识。

(2)通过了解生活中的防拐骗的案例，了解防拐骗的常见伎俩，学会简单的自救方法。

(3)知道不跟陌生人走，知道在危急时刻进行电话求救和向他人求救，能说清楚自己的家庭地址和家人的电话号码。

(4)通过实践活动，在情景中激发对防范知识的学习兴趣。

(5)有效利用家长资源，家园携手进行防拐骗的家庭教育。

(6)通过问一问、找一找、看一看、说一说、动一动，用充满好奇的双眼去辨别和发现坏人，学会正确分辨好坏。

(7)通过制作糖果，了解坏人的"糖果诱惑"骗术，逐步树立良好的自我保护意识。

四、主题活动规划

(一)活动进程

1.第一阶段

认识拐骗伎俩。结合班级幼儿年龄特点和实际情况，通过生活中防拐骗的案例，让幼儿知道防拐骗的常见伎俩，学习应对陌生人拐骗的方法。活动在第一个阶段开展了"防拐骗小知识""防拐骗小技巧"活动，其中包括："我不上你的当""可怕的拐骗""坏人是什么样的""坏人的骗术""我知道的防拐骗小故事""不和陌生人讲话""不给陌生人开门""外出不远离大人""这些地方要小心"。

2.第二阶段

增强自我防范意识。进一步深入开展实践活动——"骗子来了"，如"向哥哥姐姐了解防拐骗知识""坏人来啦""我不上你的当"等。

为了让安全教育回归于生活，活动邀请陌生的老师和工作人员等进行防拐骗演习，让幼儿在实际的生活中了解拐骗伎俩，思考如何应对，更进一步强化安全防范意识。

3.第三阶段

开展学会自救的主题活动——"被拐后的自救"，包括安全回家、如何正确求救等。

(二)区域提示

区域名称	指导要点
娃娃家	1.投放各种人物服饰；2.提供丰富的形象化、情景化的玩具材料，学习相应的防拐骗的自护自救技能；3.创设宽敞明亮、温馨舒适的环境；4.提供完整的厨具和餐具；5.投放各种蔬菜、水果以及不同的特征标记；6.投放地垫、坐垫
糖果屋	1.投放超轻黏土，自制棒棒糖扮作陌生人送给同伴；2.提供糖果的流水线制作步骤；3.提供各种样式的糖果纸、糖棍等；4.提供精美的礼物盒若干
图书区	1.投放《我不跟你走》《汤姆走丢了》等绘本，了解防拐骗的小知识，学会自我保护；2.各种表演用的动物手偶
美工区	1.准备罩衣若干；2.准备油画棒、水彩笔、剪刀、胶棒等美工工具；3.投放足量的剪刀和废纸，引导幼儿持续练习正确使用剪刀；4.纸面具若干个，彩色纸、亮片等装饰材料，松紧带若干根；5.提供皱纹纸、牛皮纸、瓦楞纸、复印纸、报纸、贴纸、宣纸等各种纸张
益智区	1.投放动物爱吃的蔬菜图片；2.提供无纺布制作的胡萝卜和数字；3.投放鞋子，请幼儿配对；4.放积木、迷宫；5.自制的逃生迷宫图

(三)家园共育

(1)引导家长带幼儿共同收集关于防拐骗的图书和故事。

(2)请家长为幼儿讲解防拐骗的知识，为幼儿积累经验。

(3)可在家园联系栏中向家长介绍防拐骗的相关知识，及时向家长反馈防拐骗活动开展的情况。

(4)请家长与幼儿以游戏化的方式制定一些暗号，引导幼儿学会自我保护。

（5）邀请家长到幼儿园为幼儿讲关于防拐骗的绘本故事，帮助幼儿建立安全防范意识。

（6）利用社会资源，让幼儿园老师、工作人员、家长等来幼儿园进行防拐情景模拟演练。

（7）请家长与幼儿一起去了解常见被拐骗的场所，提醒幼儿单独外出时要去人多的地方。

（四）主题环创

1.“常见骗术”

通过“常见骗术”的学习活动，帮助幼儿了解坏人拐骗的常用伎俩和物品，增强幼儿的防范意识。

2.“不跟陌生人走”

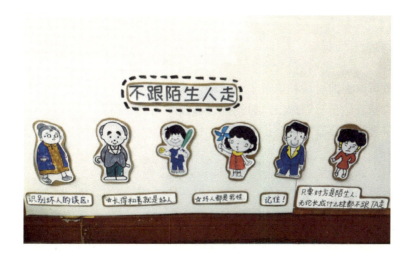

在"不跟陌生人走"的主题活动中，请家长和幼儿一同收集关于拐骗的故事。通过活动孩子们总结出："坏人"都是用孩子们喜欢的糖果、点心还有玩具去拐骗他们的；长得和善的不一定都是好人；坏人不一定都是男性。"只要对方是陌生人，我们都不能跟他走！"

3."防拐绘本"和"防拐歌谣"

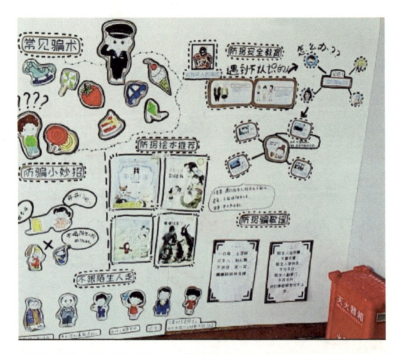

通过绘本阅读和防拐歌谣的学习，激发幼儿对防拐骗知识的兴趣。引导幼儿了解在不同地方遇到危险时，能找到相应的人员进行求救；体验遇到陌生人时更多的自救办法。

五、主题典型活动

★典型活动一：怪叔叔

活动目标：
(1)根据故事角色的对话和情节了解故事内容。
(2)愿意大胆表达自己的想法，讨论"怪叔叔"的"怪招"。
(3)在故事理解中提升自我防护意识。

活动准备：
绘本。

活动过程：
(1)声音导入，引出"怪叔叔"的怪异。(播放 PPT：《"咚咚咚"沉重的脚步声》)
教师：听！是什么声音？谁来了？

教师：原来是一位"怪叔叔"！为什么叫他"怪叔叔"？他来干什么？

(2)阅读绘本，了解"怪叔叔"的怪异。

①阅读故事，感知"怪叔叔"的怪异。

教师："怪叔叔"是干什么的？（"怪叔叔"是专门抓小猪的。）他出门前会干什么？（会专门打扮，穿好衣服，还会塞一些东西到袋子里。）

②通过角色扮演表现"怪叔叔"的怪异。

③了解"怪叔叔"的"怪招"。

问：他会等到什么时候抓小猪？（等到小猪身边没有同伴的时候。）

分析角色，寻找对付"怪叔叔"的方法。

学会正确说"不"。

发散思维，拓展经验："怪叔叔"还有可能会用什么"怪招"？

④活动延伸：如果你遇到了"怪叔叔"，你会怎么办？

★典型活动二：认识拐骗伎俩

活动目标：

(1)通过生活中防拐骗的案例，知道防拐骗的常见伎俩。

(2)通过练习，掌握防拐骗方法。

(3)具有初步的自我防范意识。

活动准备：

防拐骗的三个故事；情景演练。

活动过程：

(1)教师讲述故事，通过提问，引出活动主题。

故事一：食品诱惑

　　问题一：小朋友发生了什么事？

　　问题二：如果是你，你会怎么做？

故事二：玩具诱惑

　　问题一：小朋友发生了什么事？

　　问题二：如果是你，你会怎么做？

故事三：扮演亲人

　　问题一：小朋友发生了什么事？

　　问题二：如果是你，你会怎么做？

(2)通过情景故事，让幼儿了解常见的拐骗方法，并帮助幼儿进行小结。

教师：刚才陌生人用了哪些拐骗的方法去拐骗小女孩？

(3)通过情景演练，巩固幼儿习得的方法。

(4)引导幼儿了解陌生人的更多拐骗方法。

通过生活中防拐骗的案例，知道防拐骗的常见伎俩；通过真实情景再现的形式加强幼儿对拐骗的认识。

六、反思与生成

主题活动围绕"防拐骗"开展了系列活动。如"防拐骗小知识""防拐骗小伎俩""实践活动：骗子来了""如何自救"。

过程中以多种方式来推进系列活动的开展，将有关防拐骗知识、儿歌、实践活动道具等材料投放至区角供幼儿使用；邀请家长坚持与幼儿一起了解防拐骗知识，让幼儿树立防拐骗意识；站在幼儿的视角去观察幼儿，准确掌握每位幼儿的"最近发展区"，借助一系列的材料和活动引导幼儿进一步了解防拐骗的知识，加以实际场景模拟演练的方式让幼儿在听一听、讲一讲、演一演、想一想中习得知识，学会对陌生人说"不"！

主题活动四：我的秘密(中班)

马炜婷　朱晓萌　魏　佳

一、主题由来

幼儿身体隐私部位的保护是安全教育的重要内容之一，中班应该开展哪些隐私部位的安全教育？如何让幼儿知道隐私部位在哪里？如果遇到有人试图要摸隐私部位时，幼儿该怎么办呢？

幼儿警惕性差，对陌生人缺乏戒备心理。在教学上，应从幼儿年龄特点出发，通过对自我的认知逐步转移到对外界的认知，搭建自我与外界的桥梁，引导幼儿主动参与感悟；关注幼儿的情感体验、内心感受，让幼儿能够分辨是非，在复杂的环境中做出准确的判断、正确的选择，培养幼儿对事物的正确态度；通过问题的提出，让幼儿去自主讨论、合作探究，在探究新知识的同时获得自我保护意识；在探究、合作、参与的过程中，师生、生生之间多元、多向对话交流，完成教学目标，主题网络如图2-4所示。

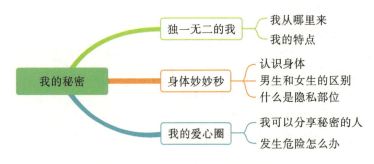

图 2-4　"我的秘密"主题网络图

二、主题主要内容

活动内容	"8S" 能力							
	自我认知	自我服务	自我识别	自我防范	自我调节	自我控制	自我救护	自我适应
我从哪里来	√							
我的特点	√							
认识身体			√					
男生和女生的区别			√					
什么是隐私部位				√				
发生危险怎么办				√	√		√	
我可以分享秘密的人	√	√	√					
我的爱心圈			√					

三、主题教育目标

(1)认识男生女生标记,知道在公共场合要按性别进入盥洗间。

(2)激发幼儿探索人体奥妙的兴趣。

(3)进一步熟悉身体各部位的名称,并初步了解关节的作用。

(4)知道不吃陌生人给的食物,拒绝陌生人碰触自己的身体。

(5)对性别有初步的认识。

(6)初步了解一些基本的自我保护常识和应对策略。

(7)掌握简单的自我保护方法和应急措施。

(8)通过制作爱心卡,知道"爱心圈"的含义。

(9)在突发事件中,根据已有安全知识,判断事情的对与错。

四、主题活动规划

(一)活动进程

1. 第一阶段

幼儿进行基本、简单的性教育启蒙,利用绘本介绍"精子"和"卵子"的结合,让幼儿意识到生命是珍贵的、自己是独特的,即便有缺点,也是父母唯一的宝贝。

2. 第二阶段

帮助幼儿认识自己的身体及隐私部位。开展"认识身体"的活动,利用图片让幼儿感知并了解身体部位,从而发现男女身体的不同,有初步的性别意识。

3. 第三阶段

帮助幼儿了解简单的安全自护知识。让幼儿了解身体是属于自己的，小背心、小内裤覆盖的地方就是私密部位；引导幼儿分小组讨论，如果发生危险(如别人触碰我们的隐私部位)，我们该怎么办。知道发生危险一定不能慌张，引导幼儿掌握简单的自救方法，如大声呼叫、对坏人说"不"等。

4. 第四阶段

引导幼儿选择可以亲近自己的人。通过"谁可以亲近我们"和"我的爱心圈名单"，教师引导幼儿"想想谁可以亲近自己，除了亲人还有谁"，将这些人列入自己的爱心圈名单，并制作成爱心卡片，代表可以亲近自己。最后将"爱心圈"绘成一幅精美的画。

(二)区域提示

区域名称	区域材料
科学区	1.投放人体图片(分男女)； 2.投放盘子、量杯、搅拌棒、试管、吸管； 3.投放油、盐、糖、小苏打、柠檬酸、气球、乒乓球； 4.电池、玻璃棒、皮毛、胶棒、丝绸
建构区	1.半成品纸板(上面有警察局、医院、学校等场所的标志)； 2.提供各种大小不一样的纸盒、纸箱； 3.提供各种类型的积木
表演区	1.投放幼儿自制的各种头饰(警察、老师、医生、爸爸妈妈等角色)，幼儿可以进行角色扮演； 2.各种表演用的头饰、道具、纸偶、围裙； 3.提供一些打击乐器，让幼儿边演唱边表演
美工区	1.围裙、护袖每人一套； 2.皱纹纸、报纸、贴纸、彩纸、海报纸等各种纸张； 3.水彩、水桶、调色盘、油画棒、水彩笔、剪刀、胶棒等工具； 4.人物、公共场所的图片，给幼儿提供素材，帮助幼儿积累相关经验； 5.小毛球、亮片等装饰材料，松紧带若干根； 6.各种纸箱、纸盒
益智区	1.各种各样的纸若干张； 2.剪刀、胶棒、胶带、水、小盆子； 3.探究纸的吸水性和承重力； 4.防侵害的海报、订书机、笔等
图书区	1.投放完成的《爱书公约》； 2.投放《小花鹿的烦恼》《我的身体》《小威向前冲》等相关的书籍，提醒幼儿要爱惜书籍
角色区	1.提供各类制服，如：警察、老师、医生等； 2.理发店、小舞台的相关游戏材料

(三)家园共育

(1)幼儿与家长共同制定一些小约定：小秘密要告诉爸爸妈妈；别人给予的食物或玩具不能要；记住家里的地址和爸爸妈妈的电话号码，紧急情况下使用；除了爸爸妈妈，其他人都不能触碰自己的隐私部位。

(2)教师在家园联系栏中向家长介绍防侵害的相关知识。

（3）请家长为幼儿提供有关防侵害的书籍，并与幼儿共同阅读，加深幼儿的安全知识积累。

（4）幼儿在日常生活中与家长一起学习防侵害的儿歌，如：小朋友要注意，防侵意识不可少，背心内裤都穿好，里面不许别人摸，男孩女孩都知道。

（5）建议家长在日常生活中给幼儿讲述男孩女孩的身体构造，知道男女的区别。

（6）请家长告诉幼儿如果被别人触碰了隐私部位，一定要及时告诉爸爸妈妈。

（7）请家长和幼儿共同完成《我的爱心圈》，在爱心圈名单上的人是可以分享秘密以及可以亲近自己的人，其他的人都不行。

（8）请家长到幼儿园为幼儿讲述关于防侵害的绘本故事，如《学会爱自己》系列故事《不要随便亲我》《不要随便摸我》《不要随便跟陌生人走》，帮助幼儿建立安全防范意识。

（9）家长与幼儿共同收集防侵害的小知识，供幼儿间交流、讨论，积累经验。

（四）主题环创

1. "独一无二的我"

引导幼儿意识到自己是独立的个体，能够独立思考。

通过开展"我从哪里来"主题活动，帮助和引导幼儿知道自己是妈妈怀胎十月，辛苦养育长大的。引导幼儿懂得"保护自己"的重要性。

2. "身体妙妙妙"

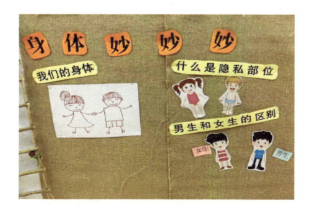

带领孩子认识自己的身体，了解什么是隐私部位，了解身体各个器官的用途，通过身体部位的不同，引导幼儿认识男生和女生的区别。

3. "我的爱心圈"

鼓励幼儿展示自己的"爱心圈"画作，讨论为什么"爱心圈"的人可以亲近自己，在延伸活动中引导幼儿画出自己"爱心圈"及可以分享秘密的人。引导幼儿如何识别坏人，并组织幼儿开展"坏人来了怎么办"的讨论，教师记录幼儿的观点，引导幼儿在坏人来了的时候使用正确的方法保护自己。

五、主题典型活动

★典型活动一：我们的身体

活动目标：

(1)激发幼儿探索人体奥妙的兴趣。

(2)充分运动自己的身体，进一步熟悉身体各部位的名称，并初步了解关节的作用。

活动准备：

一张人体结构图。

活动过程：

1. 主题导入，激发幼儿兴趣

教师：今天我们先做个小游戏，游戏的名字叫"头发、肩膀、膝盖、脚"，老师说身体的部位，小朋友们把它指出来，好不好？

引导幼儿讲出身体各部位名称及用途。

2. 引出关节话题

教师：刚才我们让我们的身体运动了一下，那小朋友，我们运动了身体的哪些部位呢？

教师：哪些部位我们没有动呢？

教师：刚才我们做游戏的时候，有的部位动了，有的部位没动，所以没有用到的部

位不高兴了。现在咱们让他们都动起来吧！（和幼儿一起舞蹈）

教师：咱们先坐下休息一会儿，大家和自己旁边的小朋友讨论一下，跳舞时都用了哪些部位？（幼儿讨论）

教师：现在谁来告诉大家？

教师：你用到四肢了，你知道他们还有什么用处吗？

教师：哦，原来脖子可以扭呀，那脖子还可以干什么？

3. 认识关节

教师：你们说的这些都是我们用眼睛能看见的部位，在身体里面还有许多看不见的部位，谁知道有哪些？

教师：我们的身体为什么会动？腿为什么会弯？

4. 了解关节的用处

教师：木头人很喜欢我们的小朋友，想跟我们做游戏，你们愿意陪它玩吗？我们如果跟木头人一样没有关节会怎样呢？

小结：我们今天学习了关于身体的许多知识，认识了身体的许多部位，如眼睛、鼻子、耳朵、嘴巴，还认识了关节，它们的作用都很大，我们要好好地保护它们。

★典型活动二：男生和女生的区别

活动目标：

(1)根据生活经验找出男生和女生不同的地方。

(2)认识男生女生标记，知道要按性别进入盥洗间等公共场所。

(3)培养幼儿初步的性别意识。

活动准备：

(1)男生和女生标记。

(2)男生和女生分别与爸爸妈妈的图片各 1 张。

(3)幼儿用书。

活动过程：

1. 游戏导入

以"猜猜他是谁"的游戏引入课题，激发幼儿学习兴趣。

教师引导幼儿猜测两位同学：一位是男生，一位是女生。

2. 比较男女生的不同

教师：请你们看爸爸妈妈以及男生和女生的图片。

教师：男生和女生有什么不一样呢？请小朋友仔细观察。

（幼儿自由回答）

教师：刚才小朋友说得都很对，大部分男生的头发比较短，而女生头发可以扎辫子；男生夏天穿短裤，女生夏天穿裙子；男生的声音粗一些，女生细一点；男生站着小便，女生蹲着小便。

3. 认识男生和女生标记及用途

教师：男生和女生有很多不一样的地方，这儿有两张标记，你们看这张标记表示的是什么？（表示是女生）师：那么这张呢？（表示男生）

教师：刚刚小朋友说得都对，那你们在什么地方见过这两种标记？（卫生间里面、商场里面）

小结：这两种标记我们在卫生间、浴室、商场里面卖衣服的更衣室都可以看到。

教师：你们知道为什么这些地方，男女要分开房间吗？（因为男生女生不一样）

小结：男生和女生有很多不同，换衣服和上卫生间时分开是一种礼貌，也是一种规定。从以前到现在，大家都在遵守这个规定。我们也要遵守这种规定，看清男生和女生标记再进入，千万不要弄错了。

4. 情景练习

情景创设——商场试衣间，分别把男生和女生标记贴在教室的门上。

教师：现在请小朋友根据自己的性别选择对应的试衣间，一定要仔细观察，千万不要弄错了。

六、反思与生成

《幼儿园教育指导纲要（试行）》中指出：幼儿园必须把保护幼儿的生命和促进幼儿的健康放在工作的首位。防侵害并不是简简单单告诉幼儿如何预防就结束了，而是让幼儿心理和生理同时懂得如何保护自己时，才会有初步的效果。幼儿的好奇心强，但安全意识薄弱，本次活动设计能围绕幼儿需要的、感兴趣的、在生活中随时都可能发生的安全自护问题而开展。充分调动幼儿去思考和发现并建构自身认知结构，在活动中增强安全自护能力。

本次活动在教师创设的情景中引导幼儿寻找解决问题的方法，让幼儿能真切地体验真情实境，有效地提高自护意识。

在活动中教师能给予幼儿充足的、自由的探索时间和空间，本次活动取材于生活并运用于生活，具有很强的真实性与实用性。从活动的效果来看，活动完成了预期的目标，达到了预期的效果，取得了预期的成效，是一次成功的安全教育活动。

主题活动五：肚子里的火车站(中班)

巫小寒 戴 阳 李文化

一、主题由来

人体的消化器官是"看不见"也"摸不着"的。对于幼儿来说是陌生且充满好奇的，虽然经常听到一些器官的名称，但不了解到底长什么样，在身体的具体哪个位置，有什么作用，应该怎么做才是保护它们。孩子们对这些问题非常感兴趣，并追根究底寻找答案。因此根据班级幼儿的年龄特点和需求设置"肚子里的火车站"一系列主题活动，以有趣、有意义的主题活动让孩子了解自己的消化系统，从而养成健康的饮食习惯，增强幼儿自我保护意识，主题网络如图 2-5 所示。

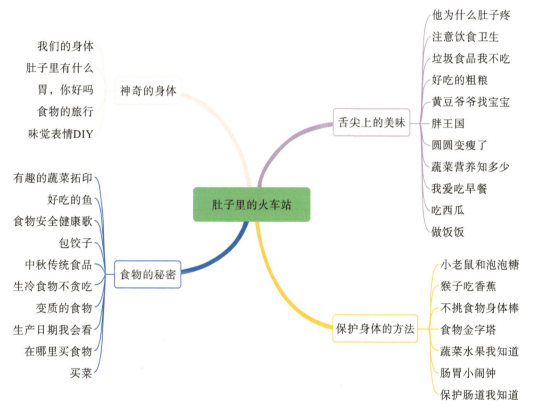

图 2-5 "肚子里的火车站"主题网络图

二、主题主要内容

活动内容	"8S" 能力							
	自我认知	自我服务	自我识别	自我防范	自我调节	自我控制	自我救护	自我适应
《肚子里的火车站》	√			√				
《肠胃小闹钟》			√	√		√		
《我身上的数》	√		√					
《蔬菜拓印》		√					√	
《他为什么肚子痛》	√							√
《变质的食物》		√				√		√
《爱零食的小馋猫》	√							
《黑色食物有营养》		√		√			√	
《彩色面条》			√		√			
《五颜六色的食物》				√				√
《食物王国》	√		√					
《舌尖上的美味》				√			√	
《美食分享会》					√			√
《饮料商店》						√		√
《蔬菜朋友》			√		√			
《食品袋上的秘密》	√	√						

三、主题教育目标

(1)初步了解消化系统主要器官的名称与功能。

(2)幼儿对食物如何消化感兴趣，喜欢探究食物的消化过程。

(3)知道均衡的营养对身体健康的重要性。

(4)认识并了解"垃圾食品"的种类及危害。

(5)在日常生活中养成健康饮食的良好习惯。

(6)能够区分垃圾食品和绿色食品。

(7)在生活中增强食品安全意识，提高自我保护能力。

(8)能较清楚地表达自己的探索和发现。

(9)会按照食品的种类进行分类，并匹配相应的标记。

(10)知道人体需要各种不同的营养才能维持生命。

四、主题活动规划

(一)活动进程

1.第一阶段

对"胃"进行初步的了解。根据孩子的年龄特点和兴趣开展主题活动"胃里的小秘密"。活动中孩子们通过讨论初步知道了胃是人体的消化器官以及胃对身体的重要性；孩子们明白了原来胃可以帮助储存和消化食物，通过实践操作，直观感受胃的"神奇"，逐渐形成自我保护意识，为接下来的主题活动做好铺垫。

2.第二阶段

帮助幼儿树立饮食安全意识。设置符合幼儿年龄特点及幼儿感兴趣的主题活动——食品安全。孩子们通过分类的形式区分健康食品和垃圾食品，锻炼孩子根据目标分类的能力；孩子们在积极参与中提高自我保护的意识，知道在日常生活中不同食物对身体的益处和害处。

3.第三阶段

引导幼儿正确认识食品安全。孩子们已经通过前期活动感受到健康食品对自身的重要性，于是设置了"舌尖上的美味""食物金字塔"等主题活动。在活动中孩子和家长们共同完成了相关调查表，认识了生活中许多不同味道的食物，认识到应勇敢地去品尝每一种味道的食物；同时帮助幼儿了解选择不同的食物对身体的利弊是不同的。通过调查、集体教学活动等形式加深孩子们对食品安全的正确理解和认知，同时锻炼了孩子的语言表达能力。

(二)区域提示

区域名称	区域材料
美工区	1.围裙、护袖；2.提供各种颜料、颜料桶、颜料盘；3.食物折纸的步骤图；4.食物的图片
科学区	1.实验结果记录表；2.新鲜的蔬菜、水果，便于孩子进行实验；3.不同食物的卡片
图书区	1.有关食物的绘画书；2.食品安全的常见标志图片；3.各类食物的头饰、手偶
美食区	1.各种食物；2.新鲜的水果、蔬菜

(三)家园共育

(1)请家长与孩子共同完成"肚子里的火车站"的相关调查表。
(2)引导幼儿认识和了解各类健康食品的好处以及垃圾食品的害处。
(3)请家长控制幼儿对垃圾食品的摄取，提高幼儿自我保护的能力。
(4)与幼儿共同收集各类食物。
(5)亲子共同设计食品的安全标志。

（6）和幼儿一起绘画"水果、蔬菜我都爱"。

（四）主题环创

1. "胃里的小秘密"

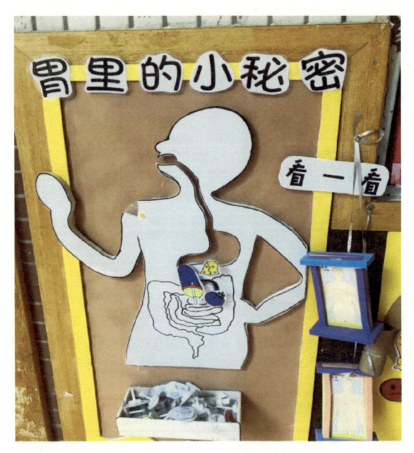

认识"胃"及保护"胃"的方法。根据班级幼儿兴趣设置主题活动"胃里的小秘密"，在活动中引导孩子认识胃是人体的消化器官。为了让孩子直观感受日常食物是如何到达胃里面，在主题活动中设置了模拟人体肖像，还投放了孩子们喜欢的各种食物，孩子们通过实践操作，更加清楚了胃对自身的作用。本次主题活动激发了孩子主动探索的积极性，为后面的活动做了充分的铺垫。

2. "食品安全"

了解食品安全。在活动中孩子们通过交流等方式将"垃圾食品"和"健康食品"进行分类；认识了食品包装袋上的标志和标识（生产日期、食品质量合格证、生产地址等）。为了巩固孩子们对食品的安全意识，家长利用周末的时间陪同孩子到商店去购买食品，引导孩子学习如何辨别食物袋上的相关标识，进一步增进亲子感情和提高孩子的安全意识，从而学会保护自己。

3."舌尖上的美味"和"食物金字塔"

　　了解食品的健康性和危害性。通过主题活动"舌尖上的美味"和"食物金字塔"让孩子们通过亲身实践感受食物最常见的几种味道：酸、甜、苦、辣，孩子们还互相交流自己的感受和想法，并且和家长共同完成了相关调查表，活动中不仅认识了许多不同味道的食物，还增加了孩子的生活经验；在"食物金字塔"主题活动中，孩子们将自己在日常生活中吃的各类食物(如：甜食、肉类、蔬菜、五谷杂粮等)进行分类，辨别食物的健康性和危害性，提高了食品安全意识。

五、主题典型活动

　　★典型活动一：肚子为什么会疼

活动目标：

(1)知道生食瓜果前必须洗净，不能吃太多的冰冷食品。

(2)了解引起肚子疼的原因及保护措施。

活动准备：

"小朋友怎么了"图片，"肚子为什么会疼"组图。

活动过程：

1. 出示图片"小朋友怎么了"

引导幼儿回忆肚子疼的经历。

图片中的小朋友怎么了？他为什么会捂着肚子？

2. 出示组图"肚子为什么会疼"

(1)引导幼儿思考。

教师：图片中的小朋友为什么会肚子疼？他都做了什么？讨论引起肚子疼的其他原因以及避免肚子疼的方法。

小结：小朋友吃了路边不干净的食物、喝了自来水，喝了很多冷饮、吃了没有洗的水果导致肚子疼。睡觉时露肚子，吃腐烂变质的食物，吃东西前不洗手，暴饮暴食等都会引起肚子疼。

(2)肚子疼时该怎么办。

我们怎么做才不会肚子疼？

肚子疼时该怎么办？

(3)师幼小结。

小结：我们吃东西之前要洗手，吃水果时也要洗干净，不能喝生水，也不能喝太多的冷饮，不吃路边小摊上的食物，腐烂变质的食物不能吃，不能暴饮暴食，这样才会避免肚子疼。肚子疼的时候要赶紧告诉父母、老师或身边的大人，让他们带自己去看医生。

　　★典型活动二：食物中毒怎么办

活动目标：

(1)了解什么是食物中毒。

(2)知道食物中毒的危害及如何预防食物中毒，学会自我保护。

活动准备：

食物中毒的相关图片。

活动过程：

1.导入话题

(1)表演情景剧：《发霉的食物》。

教师：今天，老师要请小朋友来看一个表演，小朋友们要认真思考哦！看看他是谁？发生了什么事？

观看小朋友表演，内容如下：

小朋友手里拿着一包膨化食品，说："我今天在商店里买了一包膨化食品。"然后，打开食品袋食用，接着假装肚子痛。

(2)引导幼儿讨论。

教师：这位小朋友怎么了？是什么原因造成肚子痛和不舒服的？让幼儿根据自己的经验发表自己的观点。

教师：看来小朋友都有过这样的经历，想不想知道为什么会这样啊？

(3)教师讲述食物中毒原因。

①夏天天气炎热，各种病菌繁殖速度快，这时候人吃了被病菌污染的食物容易引起中毒。

②食物中毒还有化学性的食物中毒。如：吃了沾有农药的蔬菜就会引起中毒。

教师：食物中毒后，对人体健康有什么损伤呢？食物中毒对人体健康的损伤是很大的，轻的可损伤肠、胃，严重的还会损伤肝、肾等器官，还可能会留下终身的病根。

2.发生食物中毒之后你应该怎样做呢？

(1)马上用手指轻搅喉咙，把吃进去的东西吐出来。

(2)多喝温开水，促进新陈代谢，让有毒的物质快速排出体外。

(3)若出现发热、上吐下泻等症状，应立刻去医院。

3.怎样才能预防食物中毒呢？

(1)瓜果食用前要浸泡、清洗干净，去除上面的细菌和农药。

(2)不吃生的四季豆、发芽或变青的土豆、不能准确辨认的野菜、野果子、野蘑菇等容易引起中毒的食物。

(3)不生吃海鲜、肉类，不吃腌制、腐烂的食物。

(4)购买食品时注意生产日期和保质期。

六、反思与生成

现在很多的孩子喜欢吃"垃圾食品"，汉堡、薯片、可乐、口香糖更是孩子们的最爱。这些食品虽美味可口却含有很多食品添加剂，经常食用会危害人体健康。因此，通过主题活动的开展，旨在帮助幼儿形成正确的食品安全观念，增强幼儿的食品安全意识，掌握日常生活中的食品安全知识，帮助幼儿养成良好的饮食习惯。

本主题活动带领孩子们围绕食品安全开展了种的活动。让孩子从学一学、做一做、认一认、找一找、闻一闻、画一画等环节，学会如何辨别食品安全，保护胃、肠道健康，少吃或不吃不健康的食品；通过小实验让孩子了解有添加剂和没有添加剂的果蔬的不同，培养幼儿吃瓜果蔬菜前要将其清洗干净的好习惯。在"健康与不健康食物"活动中，用实物对比的方式让幼儿了解食物的多样性和丰富性，养成爱惜粮食、不挑食的好习惯。阅读了绘本《肚子里的火车站》后，幼儿不仅知道了哪些东西该吃、哪些东西不该吃，还初步了解了自己的消化系统。

在主题活动的开展与实施过程中，教师力求做到以幼儿为主体，以观察者、指导者、参与者的角色支持和鼓舞孩子参与活动，有效推进幼儿更深入地了解食品安全，增强幼儿的识别、防范等能力，有效达成教学目标。

主题活动六：运动小高手(中班)

成　洁　刘思宇　万　涛

一、主题由来

《3～6 岁儿童学习与发展指南》《幼儿园教育指导纲要(试行)》中都提到了幼儿园应注重幼儿的安全和健康，应该根据幼儿的年龄特点，制定科学的学习计划，重视幼儿生活与游戏的独特价值，促进幼儿的身心健康发展。

好动是幼儿的天性，随着幼儿年龄的增长，接触的运动形式多种多样，但由于幼儿安全自护能力较弱，在运动中较容易受伤。因此，要提升幼儿的安全意识，加强幼儿自护能力至关重要。结合第 31 届大运会的成功举办，开展了"运动小高手"安全主题活动，主题网络图如图 2-6 所示。

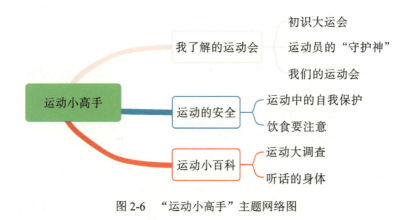

图 2-6　"运动小高手"主题网络图

二、主题主要内容

活动内容	"8S" 能力							
	自我认知	自我服务	自我识别	自我防范	自我调节	自我控制	自我救护	自我适应
会动的关节	√		√			√		
身体动一动		√	√					
胖胖兔减肥			√		√	√	√	
拼小人		√	√	√			√	
我的身体最神奇			√	√			√	
初识大运会	√	√	√					
成都欢迎您			√		√			
动物奥运会			√			√		√
运动员的"守护神"		√	√	√				
什么是救护队	√						√	
救护队日常							√	√
救护站大比拼		√				√	√	
运动会的设想	√	√						
运动会的筹备					√	√		√
我的运动服饰	√		√					
我的挑战			√	√				√
打卡小挑战					√	√		
小动物运动会		√						√
运动吃什么		√				√		
运动真奇妙			√					√
活动中的小卫士			√				√	
小护膝大作用	√							
我的神器护膝	√	√						
我会系鞋带	√					√		
危险的追逐		√						
请问一下踩到底了吗?			√		√			√

三、主题教育目标

(1) 初步了解周围安全运动区域的知识,提高自我安全意识。

(2) 能运用绘画、手工制作等方式表现自己观察或想象到的事物。

(3)知道生活中的安全场地，面对未知运动场地具有判断其危险性的能力。

(4)探索运动项目的多种玩法。

(5)学习运动中的自我保健和自我保护的方法，懂得运动中的自我保护。

(6)具有初步的集体荣誉感和不怕困难的精神，大胆挑战、体验合作参与游戏的快乐。

(7)培养幼儿自主运动意识，激发幼儿探究运动的欲望。

(8)引导家长带领幼儿完成"运动安全"的相关调查表。

(9)知道运动前后需要做的相关准备与注意事项。

(10)知道保护关节的方法，知道在运动中如何保护自己和他人。

(11)学会自测运动安全距离的方法。

(12)了解护膝的作用，尝试设计护膝。

四、主题活动规划

(一)活动进程

1. 第一阶段

初步了解场地安全，增强运动防护意识。将运动安全知识渗透到每日的安全教育中，寻找运动场地时，知道运动场地可能会存在安全隐患。教会幼儿初步判断场地安全的方法、认识运动器械并学习如何使用等，使幼儿拥有安全运动的防护意识。

2. 第二阶段

基于大运会有关运动项目，引导幼儿掌握正确的运动方法。通过调查表的方式让幼儿了解什么是大运会，会开展哪些运动项目，哪些项目是适合在幼儿阶段开展的，通过投票的方式选出幼儿最喜欢的项目。以篮球项目为例，教会幼儿掌握安全拍球的方法。

3. 第三阶段

掌握简单的自救技能。在教师的引导下组织幼儿参加他们感兴趣的运动，在运动中告知幼儿如果不注意运动安全可能会出现的运动损伤，并教会幼儿如何处理运动损伤，让其掌握一些简单的自救技能，增强幼儿自我防范和自我保护的意识。

(二)区域提示

区域名称	区域材料
科学区	1.提供关于"力与世界"简单小实验的相关材料；2.力学实验操作过程的步骤图；3.投放数学区相关操作材料；4.提供探究纸的吸水性和承重力所需的各种纸和水、小盆子
美工区	1.自然材料、低结构材料、高结构材料；2.画笔、水彩、水桶、调色盘、油画棒、水彩笔、剪刀、胶棒等工具；3.围裙、袖套
建构区	1.安全运动场地的搭建图纸；2.搭建一些器械需要的工具及图纸
图书区	1.投放与主题活动相关的绘本；2.幼儿自制安全图书

（三）家园共育

（1）前期向家长介绍本学期主题活动开展的内容，引导家长为幼儿奠定相应的安全知识基础。

（2）请家长为幼儿收集运动安全方面的绘本。

（3）提醒家长平时带孩子进行户外运动时要注重幼儿的安全教育。如：学会认识安全场地、不随意使用不认识的运动器械、运动前做好热身活动、运动结束要放松自己的身体等。

（4）请家长和幼儿一起完成主题活动相关调查表。

（5）提醒家长随时关注幼儿的活动情况，如幼儿有危险动作时，家长要及时阻止并引导幼儿使用正确的方法进行运动。

（四）主题环创

1.“什么是运动”

了解各种运动项目。活动前，教师邀请家长带领幼儿完成相应的调查表，引导幼儿积累运动的前期经验；幼儿再与同伴分享自己所了解和喜欢的运动，通过同伴之间的相互分享，让幼儿了解运动的多样性，激发幼儿的探究兴趣。

2."我喜欢的运动"

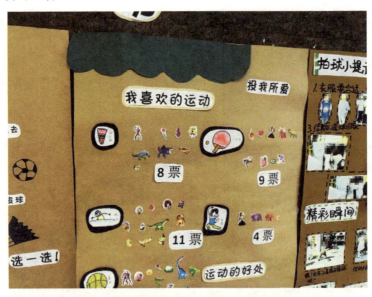

　　幼儿选择自己喜欢的运动项目。通过前期对运动项目的了解与分享，孩子们跟据自己的兴趣进行投票，选出了全班最受欢迎的运动项目——篮球。

3."拍球小提示"

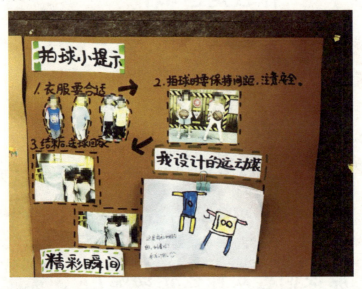

　　了解运动中的安全经验。孩子们通过前期的学习，知道如何去判断一个运动场地是否安全，会存在哪些安全隐患，以运动项目篮球为例，引导幼儿知晓拍球时应该注意的安全事项。通过了解及亲身体验，得到如下结论：①运动时衣服要合适；②拍球时要保持间距；③运动结束后有序将球送回原位。通过系列活动，幼儿明白了在运动中不仅要保护自己也要注意他人的安全，从而建立良好的运动氛围，进一步提升幼儿的安全自护经验。

五、主题典型活动

★典型活动一：运动中的小卫士(重点领域：健康)

活动目标：

(1)知道运动可能带来的危险，能主动躲避危险。

(2)能选择适宜的环境进行运动，并能主动躲避危险。

(3)能在集体运动中提升安全意识。

活动准备：

教学课件。

活动过程：

1. 教师出示运动小卫士图片，导入活动话题

教师：有一位小客人来我们班做客，它是谁呢？

教师：运动小卫士是带着任务来的。它要来保护运动中的小朋友。

2. 幼儿们讨论运动中可能会有的危险

教师：小朋友们觉得我们在运动中有没有危险啊？危险又在哪里呢？

幼儿自由表达对运动中危险的判断和理解。

(1)进行第一次"眼力大挑战"，在课件中寻找运动中的危险。

幼儿讲述在视频中找到的运动中的危险。

(2)进行第二次"眼力大挑战"，在操作材料中寻找危险行为。

幼儿进行操作，在操作材料中给危险的地方做标记。

幼儿交流如何找到运动中的危险。

3. 师幼讨论应对运动中的危险方法

★典型活动二：合作真好(重点领域：社会)

活动目标：

(1)感知合作的重要性，知道生活中处处有合作。

(2)在游戏和实践等活动中，探索与同伴合作的方法。

(3)体验与他人合作所获得的快乐。

活动准备：

轮胎滑滑车。

活动过程：

1. 户外活动

(1)教师将孩子带到户外，提供若干辆轮胎滑滑车，让幼儿自由地玩耍。引发幼儿探索几个人玩更有趣、更省力。

(2)引导幼儿探索与同伴怎么样合作，才会使轮胎滑滑车行驶得又快又省力。

(3)开展轮胎滑滑车比赛，在比赛中提升幼儿与同伴的合作能力。

2.日常生活

利用搬桌椅、穿脱衣服、收拾物品等任务，引导幼儿尝试与同伴合作，感受合作的意义。

3.游戏活动

鼓励幼儿与同伴合作玩玩具，如搭积木、拼插等；合作开展游戏情节，合作收拾整理玩具。让幼儿探索合作的方法，感受与他人合作的快乐。

六、反思与生成

活泼、好动是幼儿的天性，但幼儿的运动自护能力较弱，因此，幼儿掌握相应的运动安全自护方法是有必要的。本次"运动小高手"主题活动结合当下热点"大运会"让幼儿先认识并了解大运会的运动项目，在此过程中衍生出安全运动的相关知识，系列活动的开展让幼儿在感兴趣的运动项目中了解安全运动的方法，幼儿的安全自护能力和意识有了相应提升的同时，运动能力也较之前有了明显改善。

主题活动的开展离不开家长的力量，活动邀请家长引导幼儿进行实地调查、在运动中为幼儿积累运动前期经验。

主题活动的开展过程中，根据幼儿的兴趣点随时调整教学计划，实施中教师扮演观察者、指导者、参与者的角色，支持和鼓舞孩子参与到活动中，有效地推进幼儿更直观、更深入地了解安全的运动环境，掌握安全运动的方法，增强运动安全意识。

主题活动七：智慧小当家(中班)

李 会 谭 梅 陈思颖

一、主题由来

本次主题活动"智慧小当家"将围绕幼儿在校园和家庭中的安全教育进行开展。幼儿好动但缺乏自我保护意识，很容易受到伤害，在校园中幼儿一日活动涉及的安全隐患包括食物中毒、体育运动损伤、日常的摩擦和事故等。那么在日常生活中，应该教会幼儿哪些安全做法呢？经过班级教师对孩子和活动环境的分析后，从以下几方面考虑。

在幼儿园，上下楼梯时慢步轻声靠右行；在走廊、活动室、睡觉房内游戏时，不奔跑、不追逐、不打闹；同伴之间友爱谦让、和睦相处、不惹是生非；户外体育活动要按游戏规则进行；在使用剪刀、笔等学习用具时一定要格外小心，正确使用。

在家里，幼儿独自居家要防范阳台安全，了解和正确使用厨房用具，了解家庭用药、家电安全、煤气安全、家庭火灾、地震逃生等方面的安全知识，了解烧伤、烫伤、摔伤简单的处理知识。

　　"智慧小当家"主题活动的内容旨在让幼儿发现身边环境中的危险，并通过与同伴讨论得出处理问题的方法。帮助幼儿树立安全意识、提高幼儿安全防范能力，通过体验活动了解安全的重要性，懂得时刻将自己的安全放在首位，做到"人人注意安全、时时注意安全、事事注意安全、处处注意安全"。主题网络图如图 2-7 所示。

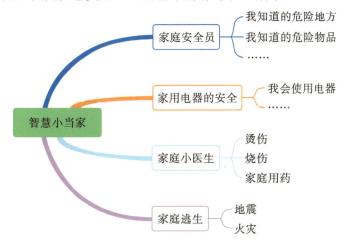

图 2-7　"智慧小当家"主题网络图

二、主题主要内容

活动内容	"8S"能力							
	自我认知	自我服务	自我识别	自我防范	自我调节	自我控制	自我救护	自我适应
厨房里的危险			√				√	
居家安全			√				√	
家用电器的安全			√				√	
家里的危险		√	√	√				
不去阳台玩			√	√				
厨房安全歌	√	√					√	
预防烧、烫伤	√		√					
插座有危险	√		√					
设计安全标志	√	√						√
室内尖尖的角		√		√	√	√	√	
不玩尖利物品	√		√	√				
不乱吃药		√					√	√
安全用药	√	√	√		√			
花花绿绿小药丸		√		√			√	

三、主题教育目标

　　(1)激发幼儿的探究欲望，体验活动的乐趣。

　　(2)丰富幼儿安全经验，提高自我保护能力。

　　(3)使幼儿懂得危险物品容易给人带来危害，学会简单的自救方法。

(4)初步懂得要注意安全，保护自己，知道不做危险动作，丰富幼儿有关安全方面的知识。

(5)懂得独自居家应怎样保护自己的安全。

(6)知道不攀爬阳台，不向阳台外抛物。

(7)知道家庭里面的药品不能随意吃，需要在大人指导下服用。

(8)在家玩耍时知道远离家具，以免受伤。

(9)学会发生火灾、地震时的逃生方法。

(10)掌握简单的烧、烫伤的处理方法。

四、主题活动规划

(一)活动进程

1.第一阶段

请家长带领幼儿完成调查单，了解生活中不安全的地方。了解家里或者幼儿园存在哪些危险的地方，通过集体教学活动了解会造成危险的地方和物品。通过活动让幼儿了解到家里面的厨房和阳台比较危险。

2.第二阶段

引导幼儿学会保护自己的方法。小朋友了解了家庭里面存在的危险后，就要懂得怎么保护自己，如引导幼儿掌握烫伤后的简单处理办法。

3.第三阶段

引导幼儿了解家里如果发生火灾、地震、煤气中毒等应该怎样快速逃生，并懂得远离危险保护自己。

(二)区域提示

区域名称	区域材料
种植区	1.投放各种植物的种子；2.投放铲子、剪刀、放大镜、水壶、笔；3.投放花盆和接水盘；4.种树的泥土；5.丰富自然角材料，引导幼儿观察记录
表演区	1.投放幼儿自制手指手偶(幼儿可以进行角色扮演)；2.准备各种表演用的头饰、手偶；3.自己制作的食品安全手偶；4.自制家庭安全故事的剧本
美工区	1.围裙、护袖每人一套；2.画笔、水彩、水桶、调色盘、油画棒、水彩笔等，剪刀、胶棒等美工工具；3.制作一些临摹画，可以临摹各种食品图；4.提供素胚和各种颜料
益智区	1.投放一些木制品和一些珠子用于数数；2.投放一些食品的拼图；3.投放各种形状的卡片用于玩分类游戏
图书区	1.投放各种关于食品安全的图书；2.提供操作的食品教具
角色区	1.提供各种自制的头饰以及不同食品的标记；2.厨具和餐具各一套；3.提供不同材质的餐具

(三)家园共育

(1)请家长与幼儿一同阅读居家安全的书籍，帮助幼儿建立安全意识。

(2)教师在家园联系栏中向家长介绍居家安全的相关知识。

(3)请家长和幼儿完成居家安全的知识调查,加深幼儿的安全知识积累。

(4)与幼儿一同绘制居家安全宣传图。

(5)建议家长在日常生活中给幼儿讲述食品安全的重要性。

(6)家长要让幼儿明白食品安全的重要性,养成不乱吃东西的好习惯。

(7)请家长和幼儿一起完成关于居家安全的操作单。

(四)主题环创

1."家庭安全员"

在"智慧小当家"的主题中,通过开展"家庭安全调查员"活动,帮助幼儿了解在家庭生活当中也存在很多危险,让孩子知道家中危险的地点和物品有哪些,在家时要如何保护自己的安全。活动中我们还通过对家庭生活中一些场景的展示,帮助幼儿在生活情境中发现不安全的行为或做法,在观察、表达和感受中帮助幼儿掌握正确的、安全的生活方式。

2."家庭小医生"

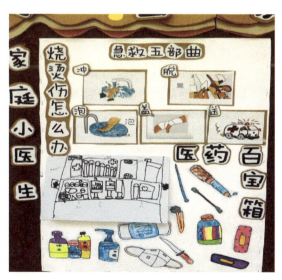

在"家庭小医生"的活动中，幼儿了解了遇到危险后的一些急救办法，如烧伤后应该怎么办，引导幼儿了解烧伤后要冲、脱、泡、盖、送的急救步骤。同时，教师也和幼儿一起探究了医药箱的用处，以及医药箱中的各种急救物品的使用方法。通过这一系列活动，帮助幼儿在遇到危险后可以作出正确的、安全的处理，最大化地保障自身安全。

3."家庭逃生"

在"家庭逃生"的活动中，教师带领幼儿一起了解和学习了地震、火灾等危险出现时应该如何逃生。教师通过谈话讨论、观看视频、绘画表达、安全演练等方式帮助幼儿掌握在危险发生时的快速逃生办法。

五、主题典型活动

★典型活动一：厨房里的危险

活动目标：

(1)通过活动使幼儿了解厨房可能存在的危险，培养幼儿的安全意识。

(2)学会一些保护自己的简单方法。

活动准备：

教学课件。

活动过程：

(1)图文结合引出厨房安全主题。

教师：这是什么地方呀？从哪里看出来是厨房的？你们家里有厨房吗？

教师：我们小朋友不要去厨房玩耍，因为厨房有很多东西存在潜在的危险。

(2)知道第一种危险"刀具"。

①出示玩具刀与真刀，进行比对。对比轻重、大小，并演示切物品。

教师：厨房里的刀有什么用呀？会造成什么危险呢？

②观察图片发现厨房用刀的危险。

(3)发现厨房第二种危险"燃气灶的危险"。

出示一幅小朋友自己去开燃气灶的图。

教师：小朋友不可以自己去开燃气灶，万一发生燃气泄漏和火灾，很可能烧伤自己。

(4)厨房的热水瓶危险。

小朋友不能自己去倒水，容易造成烫伤。

(5)教师小结活动。

★典型活动二：预防烧、烫伤

活动目标：

(1)初步了解烫伤对身体的危害。

(2)了解简单的预防和自救方法。

活动准备：

(1)收集皮肤烫伤的各种图片。

(2)收集容易造成烫伤的高温设备图片。

活动过程：

(1)出示皮肤烫伤的各种图片，了解烫伤对身体的危害。

教师：这些图片上的人怎么啦？他们怎么会这样的？你被烫伤过吗？

教师小结：这些人都是因为自己或别人大意而烫伤了，烫伤有时会留下很难看的疤痕，有时会给自己的生活带来不利的影响。

(2)讨论生活中哪些东西会烫伤我们。

教师：哪些东西会烫伤我们？这些东西是怎么样把我们烫伤的？怎样做才能避免烫伤？家里还有哪些东西可能会烫伤我们？对这些东西我们要注意些什么？

(3)讨论一些轻度烫伤的处理方法。

如果我们不小心烫伤了该怎么办？怎样处理才是最好的方法？

教师小结：烫伤了先用冷水冲一会儿，然后用干净的纱布或毛巾盖在上面不动，再找大人帮忙上药或去医院。千万不能随意拨弄烫伤的地方。如果烫伤很厉害，就不能直接脱掉上面的衣服，否则会造成更大的伤害。

(4)画出一些自己知道的容易发生烫伤、烧伤的物品。

六、反思与生成

安全教育在幼儿园的重要性是不言而喻的，基于幼儿年龄特点选择了贴近幼儿生活的教育内容。活动中孩子的参与度较高，从引导幼儿了解生活中的不安全、正确认识不安全事件以及学会简单的安全自护和逃生方法，从而增强幼儿居家安全意识。活动后还可加强家园联动，如请家长引导幼儿绘画灾难逃生图以增强幼儿的安全自护意识。

主题活动八：智慧小交警(中班)

韦小庆　谢　孟　喻晓兰

一、主题由来

道路千万条，安全第一条！孩子们入园、离园、外出游玩都离不开交通，交通工具是大家在日常生活中必不可少的一部分。然而公交车、出租车、地铁、高铁、飞机等交通工具为我们带来便利的同时也带来了安全隐患。中班幼儿具有初步的安全意识，但安全意识仍然较薄弱，缺乏安全自护的相关经验。因此，根据中班幼儿的年龄特点，设计以交通安全为主题的系列活动，包含认识交通标志及规则、了解交通安全以及在交通安全中的自我保护，主题网络如图 2-8 所示。

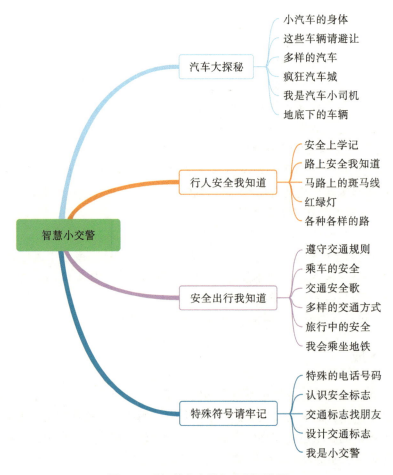

图 2-8　"智慧小交警"主题网络图

二、主题主要内容

活动内容	"8S" 能力							
	自我认知	自我服务	自我识别	自我防范	自我调节	自我控制	自我救护	自我适应
我是汽车小司机	√		√					
这些车辆请避让	√		√					
马路上的斑马线	√		√					√
路上安全我知道	√				√			
设计交通标志	√			√				
交通标志找朋友	√						√	√
各种各样的路	√		√	√				
我是小交警	√	√		√			√	
红绿灯	√	√	√					√
公共汽车	√		√			√		
坐车时要注意什么	√			√			√	
汽车大世界	√	√			√			√
汽车大探秘	√			√		√		
乡下老鼠逛公园	√					√		√

三、主题教育目标

(1)了解生活中常见的交通标志,对交通标志及交通规则感兴趣。

(2)认识到交通标志与人们的安全生活密切关系。

(3)能用自己的语言大胆描述交通标志的特征与作用。

(4)了解交通标志的作用,遵守交通规则,不做违反交通规则的事情。

(5)回顾常见的交通标志,依据自己的想法大胆设计交通标志。

(6)知道乘坐交通工具的安全事项,掌握一些简单的自我保护的方法。

(7)在安全自护演练的基础上,树立自护自救的观念意识。

四、主题活动规划

(一)活动进程

1. 第一阶段

了解常见的交通工具。从探秘汽车出发,以集体教学和家园共育的方式,引导幼儿了解汽车的构造,激发孩子对交通工具的兴趣;家园合作中开展"我喜欢的车"调查活动,请家长协助幼儿完成调查表来进一步认识交通工具,为后续的活动做铺垫。

2. 第二阶段

"行人安全我知道"活动从马路上的安全引入，延伸出交通相关的安全知识，引导幼儿在相互讨论中了解基本的行人安全知识。在"交通安全儿歌"活动中引导幼儿深入了解交通安全小知识。

3. 第三阶段

在第二阶段孩子对行人安全知识了解的基础上，继续开展"出行安全我知道"活动，通过说一说和绘画的形式加深对出行安全知识的掌握。孩子们在讨论中对交警十分好奇，于是开展了"交警本领大"活动，引导幼儿学习简单的交通指挥手势。

4. 第四阶段

孩子们在"行人安全我知道"和"出行安全我知道"活动中发现各种各样的交通标志，根据其产生的兴趣开展了"特殊符号请牢记"活动，通过学习交通标志，让孩子知道交通标志分四大类：红色是禁止标志，黄色是警告标志，蓝色是指示标志，绿色是提示标志。通过自己设计交通标志来巩固对交通标志的了解。

（二）区域提示

区域名称	区域材料
建构馆	1.小汽车玩具；2.搭建马路的材料
语言区	1.投放关于交通的语言卡；2.投放手偶及有关交通安全的图片
创意馆	1.各种汽车以及交通标志的简笔画；2.超轻黏土；3.围裙、水彩笔、胶棒、双面胶、剪刀等；4.投放汽车模型
益智馆	1.各类可拼接的乐高；2.自制马路和安全标志；3.马路上的数学操作材料
超市	1.提供汽车玩具供幼儿购物；2.提供交通相关物品
图书区	1.提供交通安全相关图书

（三）家园共育

(1)请家长和幼儿共同收集汽车玩具。
(2)请家长协助幼儿完成"交通安全伴我行"调查表。
(3)请家长在平时带幼儿外出时为幼儿普及交通安全知识。
(4)请家长带着幼儿寻找身边的交通安全标志。

（四）主题环创

1."汽车大探秘"

小汽车是孩子们非常喜欢的玩具。基于孩子们的兴趣，首先在活动前期发放"你喜欢的车"调查表，请家长协助幼儿用涂画的方式完成表格内容，为幼儿了解汽车积累前期知识；然后引导幼儿通过认识汽车的车灯、挡风玻璃等具体结构，较清楚地知道汽车的秘密；最后请幼儿依据前期经验介绍自己喜欢的汽车的颜色、形状以及通过活动清楚汽车的构造。

2. "行人安全我知道"

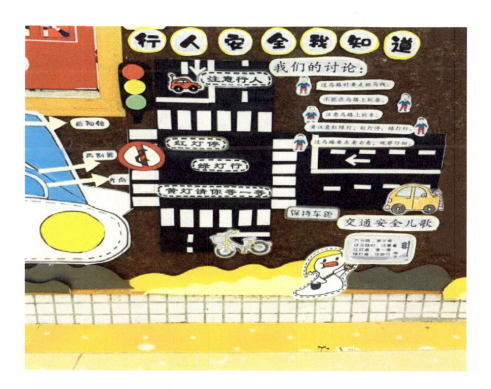

　　在主题"行人安全我知道"活动中，通过带幼儿去园内交通区模拟、实践，亲身体验交通中的安全，使幼儿更加深入地了解交通安全的重要性。通过说一说、画一画、唱一唱等方式将交通知识融入心中，掌握基本的交通常识，知道在马路上应该遵守的规则，并能完整地表达出来。

　　3."出行安全我知道"

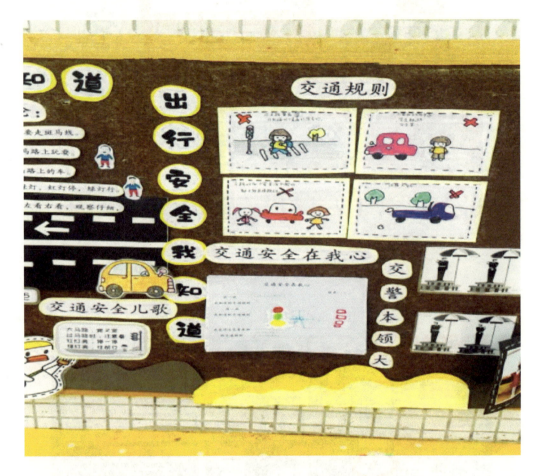

　　在"出行安全我知道"活动中，用图画的形式将生活中常见的交通情景呈现，请幼儿根据自己的经验判断是否安全，在判断过程中掌握出行安全的知识；发放交通安全调查表，在家长的带领下进一步掌握出行安全知识；在调查中发现幼儿对交通警察的兴趣特别高，因此延伸出"交警本领大"活动。在活动中，幼儿通过学习简单的交警手势体验交警职业带来的荣誉感，从而激发幼儿遵守交通规则的意识。

　　4."特殊符号请牢记"

　　在"特殊符号请牢记"活动中，通过区分四种颜色的交通安全标志让幼儿加深对这些特殊符号的了解，知道黄色代表警告、红色代表禁止、蓝色代表指示、绿色代表提示，并通过自己设计交通安全标志来加深印象。

五、主题典型活动

★典型活动一：在马路上(重点领域：健康)

活动目标：

(1)知道自己的上学路线及应注意的相关问题。

(2)能运用各种标志符号形象地设计上学路线图，并清楚地讲述。

活动准备：

PPT、交通标志图片。

活动过程：

(1)谈话引出课题。

教师：你们都上哪所学校？

教师：从家到学校都路过哪儿？

教师：你们上学的路线一样吗？

(2)分析上学路线图，学习画图方法。

出示一张上学路线图，引导幼儿注意观察路线图上每一个地方所用的标志，并与幼儿一起讲述。

①画上学路过的建筑物时，不仅自己要知道这是哪儿，而且要设计一些标志让别人一看也知道这是哪儿。

②画上学路线图时要画出路过的主要地方以及建筑，地点要清楚，标志要明显。教师启发幼儿发挥想象设计路线图上的方向标志。

(3)幼儿画图，教师巡视指导帮助。

①帮助能力弱的幼儿完成路线图。

②提示个别幼儿标志设计要清楚、明显。

(4)幼儿讲述自己的上学路线图。

小组之间讲述，交流上学路线。

(5)展示全体幼儿作品，请标志设计清楚、画法新颖的幼儿为全班幼儿讲述。

(6)幼儿讨论上学路上应注意的问题。

①交通安全常识。

教师：上学过马路时，应该注意什么？

②要遵守公共道德。

教师：有些小朋友上学要坐车，坐车时我们应该注意些什么？

(7)教师总结。

★典型活动二：设计交通标志(重点领域：艺术)

活动目标：

(1)认识各种安全标志，感知禁止标志和警告标志的特征。

(2)尝试设计标志，体验创作的快乐。

(3)进一步巩固安全意识。

活动准备：

(1)活动前让幼儿了解部分交通标志。

(2)各种标志图。

活动过程：

(1)交通标志导入课题。

教师：马路上来来往往的车辆非常多，很容易发生危险，那么是谁在维持交通秩序？除了交通警察，还有谁在协助管理？

教师：马路上有许多标志提醒行人、驾驶员要遵守交通规则，你知道有哪些交通标志吗？

随着幼儿的回答，出示相应标志图。每出示一个，共同讨论其作用。

(2)感知禁止标志和警告标志。

①出示"禁止左拐"标志。提问"这是什么标志？"

②分别出示"禁鸣""禁止通行"等标志并提问。

③引导幼儿讨论禁止标志的特征。

④出示"注意行人"标志，提问"这是什么标志？"

⑤警告标志跟禁止标志有什么不一样？

(3)深入讨论，引出其他安全标志。

①除了这些交通标志，你还见过哪些安全标志？

②引出"禁止吸烟""禁止明火""有电危险"等标志。

（4）设计标志。

教师："这些标志为我们的生活带来了很多方便，我们看到标志就知道什么可以做，什么不可以做。"

教师："你想设计什么标志，这个标志要提醒人们什么事情。"

（5）总结。

六、反思与生成

幼儿安全一直是幼儿园工作的重中之重，让幼儿拥有一个健康安全的人生是所有家长、老师的美好愿望，秉持"安全无小事，责任重泰山"的信念，开展了安全特色主题活动"交通安全伴我行"，活动开展顺利，达成了教学目标。但在活动中也存在一些不足，幼儿对汽车的前期经验积累不足，教学活动设计的游戏性不足，导致幼儿在前期活动中的兴趣度不高。在开展活动后期及时反思并调整，最后顺利完成了整个活动。

主题活动九：智慧消防员（中班）

凌　霄　宋雨婷　何明佳

一、主题由来

生活中有许多威胁孩子安全的因素，孩子在幼儿期由于生理、心理发展尚未完善，其自我保护能力较弱，容易受不安全因素威胁。显然，保护幼儿的安全与健康已成为幼儿园工作的重中之重。消防安全关系着千家万户，从小培养孩子的消防安全意识，以一个孩子带动一个家庭，一个家庭带动一个社区，树立家长和孩子的安全责任感。通过活动，引导孩子学习消防员勇敢、坚强、不怕困难的品质，学习消防知识，了解消防车的用途和功能，提高亲子安全意识，主题网络如图2-9所示。

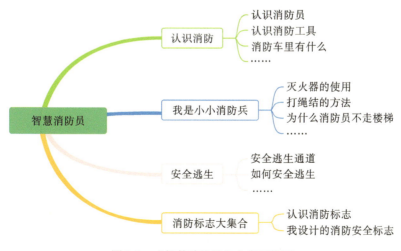

图2-9　"智慧消防员"主题网络图

二、主题主要内容

活动内容	"8S" 能力							
	自我认知	自我服务	自我识别	自我防范	自我调节	自我控制	自我救护	自我适应
认识消防工具	√		√					
消防员叔叔	√		√					
生活中的消防员	√		√					√
消防车里有什么	√				√			
消防工具大集合	√			√				
消防员的衣服	√						√	√
火的危害	√		√	√				
如何保护自己	√	√		√			√	
我们不玩火	√	√	√					√
火的用途	√		√			√		
我设计的灭火器	√			√			√	
"画"消防	√	√			√			√
打绳结	√			√		√		
安全逃生			√	√	√			
我是小小消防员		√					√	√

三、主题教育目标

(1)认识常见的消防器材，了解它们的作用。

(2)不将消防器材当玩具，提高防火意识。

(3)观察消防车的外形和特征，了解消防车的特殊用途。

(4)增强幼儿安全防火意识，知道如何自我保护和自救。

(5)能够跟随音乐节奏完整演唱消防歌。

(6)认识常见的消防标志，在生活中寻找消防标志并说出它的含义。

(7)了解消防员叔叔对社会的贡献，学习尊重并感谢他们的劳动。

(8)引导幼儿了解燃烧现象，了解火的性质、用途及危害。

(9)幼儿练习跳、跨、爬等动作，引导幼儿学习消防员叔叔的勇敢精神。

四、主题活动规划

(一)活动进程

1. 第一阶段

通过引导幼儿了解消防车里有什么、消防员叔叔的工作有哪些、消防员的服饰有什么特点，让幼儿对消防安全产生兴趣，了解简单的消防知识。

2. 第二阶段

让幼儿了解为什么消防员救援时不走楼梯，知道用消防滑竿速度更快、更安全。观察、探究什么情况需要使用什么消防器械，了解常见消防器械的使用方法，通过亲自体验学习如何正确操作消防器械。

3. 第三阶段

为了加强幼儿的安全意识，在对消防安全有了一定的了解后，继续让孩子了解生活中常见的消防安全标志，寻找幼儿园内、小区内、商场内的消防安全标志，最后让幼儿设计消防安全标志并在小区内张贴宣传。

（二）区域提示

区域名称	区域材料
表演区	1.投放消防员服装，引导幼儿表演消防员叔叔工作场景；2.区域墙面出示不同消防员叔叔的造型图片
美工区	1.围裙、护袖每人一套；2.投放一些关于"消防安全"的图片，可供幼儿进行涂色、剪纸、绘画活动；3.提供画笔、水彩、水桶、油画棒、水彩笔、剪刀、胶棒等工具；4.制作一些剪纸卡，投放足量的剪刀，让幼儿继续练习使用剪刀
益智区	1.投放各类拼搭材料，充分发挥幼儿的想象力、创造力；2.投放消防图案图片，引导幼儿进行点数对应；3.投放自制材料，发展幼儿动手及思维能力
图书区	1.墙面装饰，提醒幼儿要爱惜书籍；2.投放《消防安全》和《驼鹿消防员的一天》等消防安全书籍；3.投放绘本表演道具

（三）家园共育

（1）请家长引导幼儿了解消防安全知识，并合作完成手工制作。

（2）在家园联系栏向家长介绍消防安全的重要性，增强家长、幼儿消防安全的意识。

（3）和孩子一起了解家里哪些地方容易发生火灾，并且了解避免火灾的方法。

（4）和孩子一起在小区、商场内寻找消防安全标志，亲子合作设计消防安全标志。

（5）请家长和幼儿一起完成操作单《我设计的消防安全标志》和《认识消防》。

（6）请家长为幼儿提供消防安全方面的书籍，如《消防安全》和《驼鹿消防员的一天》等。

（7）利用家庭生活督促、指导幼儿注意安全，增强幼儿安全意识。

（四）主题环创

1. "消防车里有什么"

通过开展系列活动，引导幼儿了解消防车的特点、消防工具以及消防员叔叔的工作内容等。与家长共同调查生活中存在哪些消防隐患。

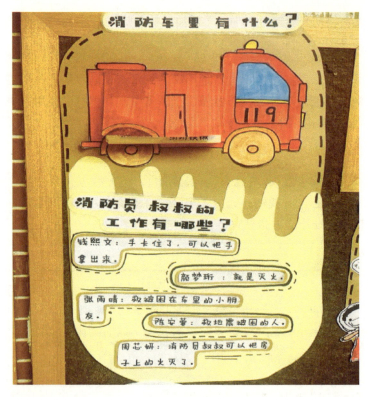

2. "揭秘消防员"

　　小朋友们通过"荧光小实验"，发现了消防员叔叔的衣服上有会发光的荧光条，借此帮助幼儿了解消防员叔叔的衣物是由特殊材料制成的。了解消防员叔叔的本领，并用笔画下来。

3. "消防器械使用方法"

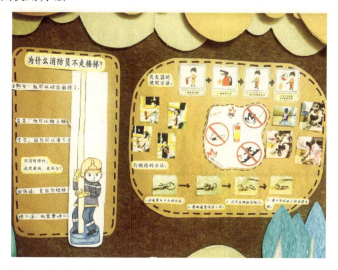

通过实验、观察、对比，幼儿知道了消防员用消防滑竿速度更快、更安全。幼儿巩固了已有的知识并获得更深层次的认识，让安全意识逐渐在幼儿心里扎根。

4. "我认识的消防安全标志"

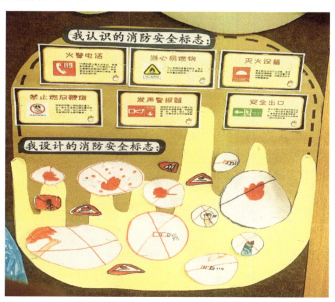

通过活动，幼儿认识了消防安全标志，并在学校、小区内寻找自己认识的消防安全标志，最后引导幼儿在此基础上设计出相关标志，提高幼儿预防发生火灾的安全意识。安全教育不仅要在活动中进行，还应在日常生活中进行。

五、主题典型活动

★典型活动一：着火啦(重点领域：艺术)

活动目标：

(1)知道人们惊恐时的表情。

(2)学习如何用颜料表现火焰。

活动准备：

颜料、彩纸。

活动过程：

(1)在纸上画出高楼的轮廓，加一些大一点的窗户。在窗户中，画出每一层楼住户惊恐的表情或者其他活动。

(2)拿出大红或橘红颜料，在大楼的多个部位画出火焰，再用柠檬黄颜料增添出火焰的气势。

(3)待颜料干后，在空白处画出消防车、消防人员、直升机等救火的情景。

(4)可用黑色、灰色粉末营造浓烟效果。

(5)教师示范绘画。

★典型活动二：火的危害(重点领域：语言)

活动目标：

(1)培养幼儿初步的自我保护意识。

(2)初步掌握几种自救逃生的方法及技能。

(3)让幼儿了解火灾发生的各种原因，懂得如何防范火灾发生。

活动准备：

图片、PPT课件、视频、湿毛巾、玩具手枪一把、安全出口一个。

活动过程：

(1)让幼儿从准备的物品中找出不能玩、易引起火灾的东西，激发幼儿的活动兴趣。

(2)观看课件，引导幼儿说出火灾的危害，并了解哪些是容易着火的物品。

(3)通过课件，引导幼儿说出预防火灾的方法，认识防火标志。

(4)简要说出火的用途。

(5)游戏："安全防火自救"。

(6)活动延伸："认识防火标志"。

六、反思与生成

本次活动带领孩子们围绕"消防安全"开展了系列活动，通过让孩子了解消防车里有什么、消防员叔叔的工作有哪些、消防员叔叔服饰的作用等，激发幼儿对消防安全的探究兴趣；引导幼儿了解消防器械，通过实验、观察、比较知道消防员不走楼梯的原因；最后在实践中提高幼儿的消防安全意识，增强幼儿的安全意识。

主题活动的开展与实施过程中，教师支持和鼓舞孩子参与主题活动，了解发生火灾的原因并懂得如何防范火灾发生，提高幼儿的自我保护能力。

主题活动十：智慧小医生(中班)

胥敏雪　熊秀梅　李林倩

一、主题由来

　　眼睛是人类感官中最重要的器官，读书认字、看图赏画、欣赏美景等都要用到眼睛，眼睛是我们获取大部分知识的窗口。日常生活中幼儿使用电子产品的频率较高，长时间看手机、电视以及以不良姿势看书、画画，都会严重影响幼儿眼睛健康。

　　为了帮助幼儿树立正确护眼的方法，懂得保护眼睛的重要性，设计了系列与保护眼睛相关的安全教育活动。活动试图引导幼儿了解自己的眼睛，养成健康的用眼行为习惯，减少意外伤害的发生，增强幼儿的安全自护能力，主题网络如图 2-10 所示。

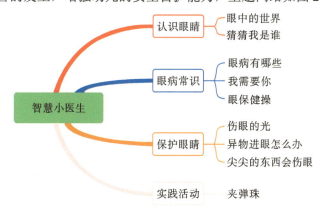

图 2-10　"智慧小医生"主题网络图

二、主题主要内容

活动内容	"8S" 能力							
	自我认知	自我服务	自我识别	自我防范	自我调节	自我控制	自我救护	自我适应
眼睛作用大	√		√					
眼病有哪些	√		√	√				
眼中的世界	√		√					√
尖尖的东西会伤眼			√	√		√		
伤眼的光	√		√	√		√		
异物进眼怎么办	√						√	√
我来做眼保健操	√		√	√			√	
眼睛的结构	√		√					
绘本《眼睛的故事》		√			√			
猜猜我是谁		√						√
我需要你	√					√		
游戏《夹弹珠》		√				√		

三、主题教育目标

(1)了解盲人的生理特点，懂得尊重盲人，并乐意主动帮助盲人。

(2)初步认识眼睛的外形特征，了解眼睛各部位的名称及作用。

(3)知道眼睛是心灵的窗户，能说出眼睛的作用及保护眼睛的方法。

(4)能够从构图、涂色、装饰等不同角度表现眼中的世界，并以绘画的形式表现出来。

(5)知道每年的6月6日是世界爱眼日，懂得保护眼睛的重要性。

(6)有良好的用眼卫生习惯，了解眼睛生病的症状，知道眼睛不舒服要及时告知大人。

(7)了解眼睛进入异物后的简单处理方法，会用正确的方法自我救护。

(8)认识激光、蓝光、眩光等光，知道生活中很多光其实是对眼睛有伤害的。

(9)知道生活中有许多尖锐的东西可能会伤害眼睛，能安全使用各种工具。

(10)树立保护身体器官的意识。

(11)知道遇到事情不慌张，沉着、冷静对待。

四、主题活动规划

(一)活动进程

1. 第一阶段

了解眼睛、认识眼睛的结构。通过活动让幼儿了解眼睛的外形特征及结构，观察自己和同伴的眼睛，通过绘画、儿歌的形式，对眼睛有更进一步的了解。在寻找眼睛的作用时知道眼睛对身体的重要性，增强幼儿的自我认知、自我识别的能力。

2. 第二阶段

了解眼睛的相关疾病。知道自己的眼睛也会生病，了解哪些行为和事物会对眼睛有害，启发幼儿正确用眼。

3. 第三阶段

保护眼睛。开展了"保护眼睛"的活动，幼儿在寻找保护眼睛方法的过程中提高了自我识别的能力。尝试模拟异物进眼的处理方法，提高幼儿自我保护意识。

4. 第四阶段

家园共育。请家长配合教师引导幼儿在家也要合理使用眼睛，养成正确用眼习惯。尝试做眼保健操，提醒幼儿规范正确坐姿，端正画画、写字、看书的姿势。

(二)区域提示

区域名称	区域材料
游戏区	1.投放安全棋类游戏；2.眼睛构造模型；3.相关活动的图片及记录单

续表

区域名称	区域材料
美工区	1.皱纹纸、牛皮纸、瓦楞纸、复印纸、报纸、贴纸、宣纸等各种纸张；2.画笔、水彩、水桶、调色盘、油画棒、水彩笔、QQ泥、剪刀、胶棒等工具(画眼睛、做眼睛)；3.制作剪纸卡，投放足量的剪刀，让幼儿继续练习使用剪刀；4.各种纸箱、纸盒、饮料瓶、易拉罐
益智区	1.各种各样的桌面玩具；2.相关动物的眼睛配对、连线图等；3.木珠、筷子、七巧板、拼图、毛绒球
图书区	1.投放相关书籍《眼睛的故事》《眼睛宝宝亮晶晶》《倒霉的近视眼》《近视眼的小熊憨憨》《眼镜公主》《异物进眼怎么办》等
角色区	1.提供医生、护士服装、道具；2.提供急救知识的图片；3.玩具急救箱、玩具类医疗器械

（三）家园共育

（1）请家长为幼儿提供有关保护眼睛的书籍，与幼儿共同阅读，引起其对眼睛的兴趣。

（2）请家长引导幼儿一起寻找、发现、收集各种动物的眼睛特点，并将它们记录下来。

（3）请家长带领幼儿了解眼睛的作用及特点，积累安全用眼的相关知识。

（4）请家长带领幼儿共同完成"安全用眼"的相关调查表。

（5）家长与幼儿共同收集医院相关的玩具材料，让幼儿在角色扮演中体验处理异物进眼的过程。

（6）和幼儿一同在家做眼保健操。

（四）主题环创

1."眼睛的结构及护眼办法"

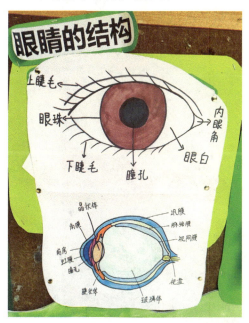 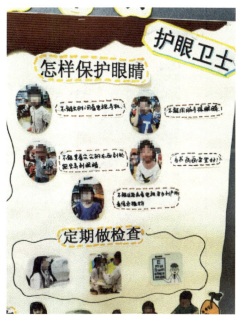

幼儿在老师的引导下积极观察、比较、倾听了解眼睛的基本构造，发现自己的眼睛和他人眼睛的相同与不同，讨论保护眼睛的方法。

2. "眼里的世界"

孩子们用分享、绘画、手工制作等方式把自己看到的美好世界表现出来，再次巩固对眼睛外形及结构的认识，同时也知道了眼睛的重要性，提高了自我识别、自我认知的能力。

3. "我需要你"

为了让孩子们了解眼睛所需的营养，通过讨论和分享让孩子们知道多吃蔬菜和水

果对眼睛有益。同时引导幼儿以绘画的方式画出对眼睛有益的事物，丰富幼儿的生活经验。

4. "眼病有哪些"

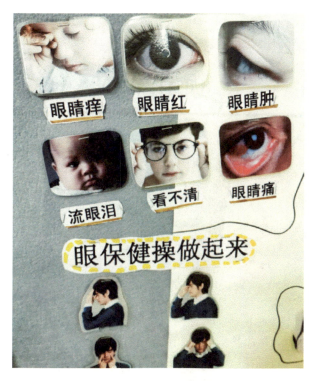

为了增加幼儿保护眼睛的常识，借助家长力量完成了"眼病有哪些"的调查表，引导幼儿在与家长的互动中了解更多保护眼睛的知识，加强幼儿的自护意识。

5. "伤眼的光"

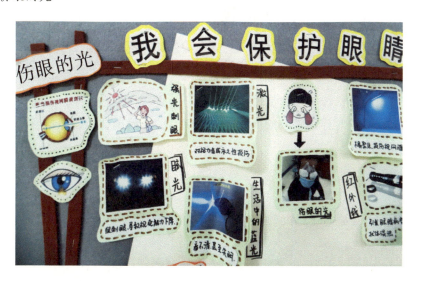

　　幼儿在自己寻找"保护眼睛的正确做法"中，知道了哪些行为对眼睛有益，哪些行为对眼睛有害，了解了伤眼的光有哪些并远离它们，知道了少玩电子产品，养成好的用眼习惯。

　　6."异物进眼怎么办？"

　　在老师的引导下，孩子们根据自己的生活经验进行讨论和分享，通过亲身参与、多元感知、积极表达，对异物进眼的处理方法不仅有了正确的认知，还提升了自己的探究能力和解决问题的能力。

五、主题典型活动

　　★典型活动一：眼睛作用大(重点领域：科学、健康)
　　活动目标：
　　(1)了解盲人的生理特点，学会尊重盲人，乐意帮助盲人。
　　(2)初步认识眼睛的正面结构图，了解眼睛各部位的名称及作用。

(3)感受眼睛的重要性，懂得保护眼睛，掌握更多保护眼睛(视力)的知识。

活动准备：

活动 PPT、眼睛正面结构图、操作环节图片等。

活动过程：

(1)黑暗体验，初步了解眼睛的重要性。

①教师请孩子们闭着眼睛进入教室坐到座位上。

教师：请小朋友们找个位置坐下来，看谁找得最快，但是不许偷看哦！

②播放动画片引起孩子注意力。

教师：你们知道我在看什么动画片吗？猜猜看！

教师：那想知道老师在看什么吗？那就请睁开眼睛。

(2)感受眼睛的重要性，懂得关爱盲人。

①睁眼感受光明，引出盲人的不便。

教师：谁来告诉我，你们眼睛看不见有什么感受呢？

教师：原来眼睛看不到有那么多的感受。那你们知不知道还有一些人的眼睛是看不见的？(盲人)

教师：盲人的眼睛看不见会带来哪些不方便的事？所以盲人行动非常不方便，我们要帮助他们。

②用自己最微小的力量帮助盲人。

教师：可是我们还小，应该怎么帮助盲人？

教师：盲人有专门的盲道用来走路。(出示图片)我们不要在上面玩耍，占用盲道会让盲人很危险。

③教师小结：我们的眼睛真了不起，能让我们看到很多很多的东西。小朋友都有一双明亮的眼睛。

(3)了解眼睛各部分的组成及名称。

①让幼儿用镜子观察自己的眼睛。

教师：原来眼睛也是我们身体上的一大宝贝。那我们的眼部有什么？眼睫毛有什么用处？眼睛里像黑葡萄的是什么？眼睛最中间的小黑点是什么？

②出示眼睛结构图，引导幼儿观察。

教师：我们一起来看看，我们眼部的这些小宝贝们都有些什么好听的名字？它们都有什么作用？

③教师小结：眉毛、睫毛和瞳孔的作用。

④讨论：日常生活中我们应怎样保护眼睛？

a.看电视时，距离电视 2 米以上，看电视时间不能过长；看书时身体要坐正，不能趴着或仰着看书，看书时间长了，要休息或向远处看看绿色的植物；不能在太强或太弱的光线下看书；毛巾、脸盆等要专人专用，并定期消毒和清洗，防止相互传染；眼睛生病了可以点眼药水等进行治疗。

b.出示对视力有益的食物图片，引导幼儿每样菜都要吃，食品应多样化，荤素合理搭配。

c.师幼小结。

★典型活动二：眼里的世界(重点领域：美术、语言)

活动目标：

(1)知道眼睛是心灵的窗户，能说出眼睛的作用及保护眼睛的方法。

(2)能够从构图、涂色、装饰等不同角度表现眼中的世界。

(3)能够将自己感受到的美以绘画的形式表现出来，培养审美能力。

活动准备：

(1)景色图片、水彩笔、绘画纸、勾线笔等绘画工具。

(2)"我看到"的经验准备。

活动过程：

(1)导入话题。

教师：(出示眼睛的空白框架)小朋友们看看这个大大的框是什么呀？

幼儿：洞？眼睛？……

小结：我们的眼睛能让我们看到美好的事物，给我们带来便利，所以要好好保护我们的眼睛，有一双好的眼睛才能更好地生活。

(2)提出问题。

教师：你们知道我们眼睛的用处是什么吗？幼儿讲述。

教师：小朋友眼中的世界都各有各的美，老师好期待看看你们眼中的世界是什么样的，我们将它们画出来大家一起来欣赏吧。

(3)幼儿操作。

①出示美丽的风景图片请幼儿欣赏，并说说自己看到的世界。

②幼儿绘画。

教师：现在每个小朋友都拿到绘画的工具了，刚刚那个框是老师的眼睛。你们的眼睛有大有小，有长睫毛有短睫毛，现在需要你们自己画出来，然后再把你们眼中美丽的世界画在眼睛里吧。

③教师巡回观察进行指导。

(4)作品欣赏。

教师：哇！小朋友们眼睛里世界真的是太奇妙了，能跟老师分享一下你们的"世界"吗？(幼儿讲述，教师评价)

小结：小朋友们眼里的世界真的是太美了，这都是我们眼睛的功劳，所以我们要好好保护我们的眼睛，感受世界的美好！

六、反思与生成

为了提高幼儿安全用眼意识，开展了系列用眼安全的教育活动。首先，引导幼儿认识眼睛的特点及部位，教会幼儿认识眼睛的作用，知道眼睛对身体的重要性。其次，引导幼儿了解关于眼睛的保护知识，知道哪些行为和事物是对眼睛有害的。最后，进行实践活动——异物进眼的处理办法，知道异物进眼后通常可以用眨眼、嘴吹、湿毛巾擦、清水冲洗等方式处理。合理使用眼睛，养成正确用眼习惯；在使用一些尖锐物品时注意安全；正确坐姿，端正画画、写字、看书的姿势。

活动中孩子们学会了保护眼睛的方法和异物进眼的处理方法。能在生活中有效运用，但安全自护意识的培养还需要在生活中逐渐加强。

主题活动十一：不完美的小天使(大班)

包安静　罗丹丹　童南君

一、主题由来

幼儿时期是自我意识形成与发展的最初阶段，健康的心理与自身安全有着密切的关系。对于即将升入小学的幼儿来说，能够正确地认识自我，评价自我，可以更自信地迎接人生新的阶段。主题活动的开展过程中，引导幼儿从认识自己的外表开始认识自我，知道自己是区别于任何人的独特个体，具有独立意识，并用各种形式来表现自己的外形、名字、个性、能力等方面的独特性，完善自己的角色形象。在活动中，给每一个孩子提供认识自我的机会和展示自己的舞台，逐步培养幼儿的自信心、合作精神、规则意识、自我服务能力等，主题网络如图 2-11 所示。

图 2-11 "不完美的小天使"主题网络图

二、主题主要内容

活动内容	"8S" 能力							
	自我认知	自我服务	自我识别	自我防范	自我调节	自我控制	自我救护	自我适应
我是谁	√		√			√		
我怎么来的		√	√					
我的家人			√			√	√	
我的变化		√	√	√			√	
名字的故事			√	√				
名字创意画	√	√	√					
我的名字			√		√			
名字的含义			√			√		√
我长得像谁		√	√	√				
我很特别	√		√					√
不一样的我					√			√
我，喜欢我自己			√		√			
有趣的面具				√	√			
表情歌	√							√
你是最好的			√		√			
不一样的我					√	√		√
认识自己的优缺点	√		√	√				
谁的本领多	√		√					
我来帮助你		√			√			√
我的梦想	√				√			
梦想创意画			√					√

三、主题教育目标

(1)知道自己为独特个体，有独立意识。

(2)尝试用多种方式来表现自己在外形、名字、个性、能力等方面的独特性。

(3)了解自己名字的含义，知道与他人的不同。

(4)认识不一样的我，知道身体的每一个部位都有不同之处。

(5)逐步提升自我认识的水平，提高自我保护意识。

(6)通过不同的方式认识自身的优缺点，形成积极的自我评价。

(7)了解情绪产生的原因，学会调节情绪(用色彩表现情感)，抒发内心的感受。

(8)认识性格的多样性，学会正确看待自己的性格。

(9)学会用不同的方式缓解情绪，尝试向他人倾诉。

(10)学会正确看待自己和他人的优缺点，接受自己不如他人的地方。

四、主题活动规划

(一)活动进程

1. 第一阶段

通过开展"我长大了"主题活动,让幼儿了解自己成长的过程,正确认知自己是从哪里来的。了解自己的变化,从自己的体检表中发现自己长高了,体重增加了,自己的能力也和小时候不一样了,同时从父母眼中了解自己的变化等。

2. 第二阶段

开展"看看我自己"主题活动,从自己的名字出发,让孩子了解自己名字的意义,会写自己的名字,并用创意画的方式表达对自己名字的情感。再从孩子的外貌特征和爱好出发,引导孩子发现每个人都是不一样的,尝试用多种方式来表现自己在外形、名字、个性、能力等方面的独特性。

3. 第三阶段

开展"了不起的我"主题活动,了解自己的特长,知道自己的本领、优点和不足,了解自己和同伴的不同,让孩子正确地认识自我、评价自我。通过"有个性的我""独特的我"等丰富多彩的活动,从不同途径去帮助幼儿认识自己和同伴的优缺点,帮助孩子树立自信心,找到正确的方法宣泄自己的情绪。

(二)区域提示

区域名称	区域材料
科学区	1.投放盘子、量杯、搅拌棒、试管、吸管;2.投放油、盐、糖、小苏打、柠檬酸、气球、乒乓球;3.投放数学操作材料;4.各种各样的纸、水、小盆子(探究纸的吸水性和承重力);5.各种棋类游戏
美工区	1.围裙、护袖每人一套;2.自然材料、低结构材料、高结构材料;3.画笔、水彩、水桶、调色盘、油画棒、水彩笔、剪刀、胶棒等工具;4.编织工具、毛线;5.折纸、剪纸的示意图;6.各种纸箱、纸盒;7.大开的海报纸、订书机、水笔等;8.投放与主题活动相关的绘本
图书区	1.投放识字卡和书写的操作材料
饰品店	1.提供各种自制的饰品材料包;2.串珠、盒子、丝带、泡沫、剪刀、围裙、角色牌;3.制作饰品步骤图、简单的发夹步骤图
餐厅	1.服装、角色牌、厨具、餐厅工具;2.餐厅的环境布置;3.餐厅活动步骤图、游戏规则

(三)家园共育

(1)家长给幼儿讲解幼儿名字的由来。

(2)家长引导幼儿收集宣泄情绪的好方法并尝试运用。

(3)建议家长注意日常情绪管理,为幼儿做好情绪控制的示范作用。

(4)对幼儿进行能力培养,锻炼孩子的自信心及动手操作能力。

（四）主题环创

1."我长大啦"

　　大班幼儿能简单地了解生命的由来，对生命的成长感兴趣。结合幼儿的兴趣帮助幼儿认识生命来之不易，感知生命的可贵。通过让幼儿观察自己成长过程中的照片、生活用品来感知自己的成长变化，体验成长的快乐。

　　2."看看我自己"

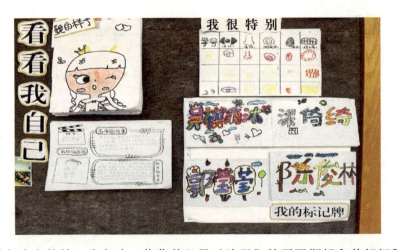

　　名字是每个人的第一张名片，蕴藏着父母对孩子们的无限期望和美好祝愿。认可并欣赏自己的名字是幼儿形成良好自我意识的重要因素。让幼儿了解自己姓名的来历，在设置自己的专属标记牌过程中尝试向同伴介绍自己。

　　3."了不起的我"

　　让幼儿在活动中正确看待每个人的不同之处，每个人的性格、长相、爱好及特长各不相同。展示自己特别的本领，在加深自我了解的同时，让他人也更了解自己，知识身边每个人都是独一无二的。引导幼儿自豪地展示自己的特别之处，成为大家眼中的"闪亮之星"。

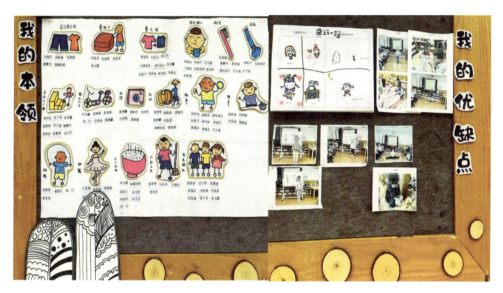

4."有个性的我"

　　在活动中引导幼儿了解并认识性格，知道每个人的性格不同。同时，不同的人情绪也不同，引导幼儿在识别自我情绪的基础上，采用合理的方法释放不良情绪。

五、主题典型活动

　　★典型活动一：我从哪里来(重点领域：科学)
　　活动目标：

(1)根据已有的生活知识表达出自己是从哪里来的。

(2)通过跟家人的讨论，对自己家庭成员的构成有一定了解。

(3)增强幼儿的个体意识，能够用自己的方式记录家庭成员的构成。

活动准备：

图片、白纸、笔、《小威向前冲》绘本。

活动过程：

(1)老师提问：你从哪里来？引导幼儿思考，鼓励幼儿相互讨论。

教师：小朋友们，你们知道你们从哪里来的吗？请小朋友们相互讨论然后记录下来跟大家一起分享。(河水冲来的、路边捡的、妈妈肚子里生的等)

教师：当然，你们是你们爸爸妈妈爱的结晶，那你们知道你们爸爸妈妈从哪里来的吗？

教师：小朋友们回答得真棒，你们爸爸妈妈是你们爷爷奶奶、外公外婆爱的结晶。那你们知道你们爷爷奶奶、外公外婆从哪里来的吗？你们的家庭成员有哪些呢？接下来我们来听听奇奇是从哪里来的，他的家庭成员有哪些。

(2)绘本《小威向前冲》。

教师：通过绘本故事我们知道了人是从哪里来的，了解自己就是最棒的那个小朋友，理解生命的不容易，爱护生命。

(3)活动延伸绘画并介绍"我的亲情树"。

教师：接下来请小朋友们将设计好的亲情树向大家展示，介绍自己的家庭成员有哪些吧。

教师：小朋友们的亲情树都设计的很棒，请小朋友们将亲情树带回家也给家人们介绍自己的作品吧。

★典型活动二：我的变化(重点领域：社会)

活动目标：

(1)感受自己长大的快乐。

(2)能清楚地表达出现在的自己与小时候的自己成长的变化。

活动准备：

小朋友小时候的照片制作课件、镜子、幼儿小时候的衣服。

活动过程：

(1)讲述活动："请你说一说"。

①教师出示课件，让幼儿观察小时候的自己和现在的自己有什么变化。

②幼儿看照片。

请幼儿说一说自己小时候是怎样的，用"我小时候是……样子的""我小时候穿的……"的句式说句子。

③教师请幼儿一个个讲述。

④教师总结幼儿小时候的特征。

(2)请幼儿说说现在的自己是怎样的。

教师：小朋友都知道了你们小时候是怎样的，那老师想知道你们现在是怎样的，是长高了，能干了，还是像以前一样。你们穿的衣服、裤子、鞋子……是长了……还是？你们学会了哪些以前不会做的事情，如自理能力、平时表现、穿衣、吃饭等？

①请幼儿讲述现在的自己。

②教师总结幼儿小时候和现在的变化。

六、反思与生成

本次主题活动通过让幼儿了解自己的身体、区别与他人的不同等形式，引导幼儿正确地看待自己与他人的优缺点。通过让幼儿正确认识情绪，引导幼儿正确使用疏导不良情绪的方法。

主题活动的开展与实施过程中，教师应力求做到以幼儿为主体，在教学过程中始终扮演观察者、指导者、参与者的角色，支持和鼓舞孩子参与主题活动，促进幼儿树立自信心，为即将进入小学做好情绪管理的铺垫。

主题活动十二：情绪小怪兽（大班）

刘文静　黄馨尹　饶子睿

一、主题由来

幼儿情绪的变化容易引发心理问题，因此健康的心理是培养幼儿健全人格的基础。大班幼儿的情绪是敏感的、多变的，容易受到周围环境事物的影响。这些情绪有正面的、有负面的，像一只只形状各异、五颜六色的小怪兽。作为大班幼儿，需要掌握管理自己情绪的能力，要学会正确对待自己的情绪。因此根据幼儿的年龄特点以及需求，开展安全主题活动"情绪小怪兽"，让孩子从各个方面去认识情绪、表达情绪、管理情绪。让孩子学会换位思考，做自己情绪的小主人，主题网络如图 2-12 所示。

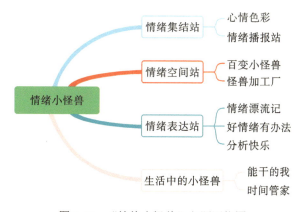

图 2-12　"情绪小怪兽"主题网络图

二、主题主要内容

活动内容	"8S"能力							
	自我认知	自我服务	自我识别	自我防范	自我调节	自我控制	自我救护	自我适应
我的心情	√	√	√					
我们的表情	√		√					
纸陀螺	√		√					
我的情绪小怪兽				√			√	
游戏中的我					√	√		
胆小鬼				√	√			√
情绪小档案					√	√		
心情预报			√				√	
爱发脾气的菲菲			√					
生气的亚瑟	√							√
情绪变变变	√							√
羞答答		√						√
降落伞		√		√				
开心和不开心					√	√		
爱发脾气的小老鼠		√		√				
涂涂画画写日记	√							√
尝味道、画表情			√		√			
你笑起来真好看					√	√		
传递快乐	√		√					

三、主题教育目标

(1)了解生活中开心和不开心的事情，体验不同的情绪，学习调节情绪的方法。

(2)尝试用语言或图示等多种形式来表达自己的情绪。

(3)学习保持愉快的心情，不高兴时能较快缓解，养成积极乐观的生活态度。

(4)能关注别人的情绪和需要，并能给予力所能及的帮助。

(5)感受颜色给人带来不同的感受，体验色彩与心情的关系。

(6)在有比较强烈的情绪反应时，能在成人的提醒下逐渐平静下来。

(7)愿意把自己的情绪告诉亲近的人，一起分享快乐或寻求安慰。

(8)能用多种方式调节自己的情绪，初步学习正确的方式排解不开心的情绪。

(9)通过情感体验与合理疏导，能够对自己在生活中出现的不良情绪进行合理调节。

(10)游戏中能控制自己的情绪，熟悉歌曲的旋律和歌词，能较准确地演唱重复的地方。

四、主题活动规划

(一)活动进程

1. 第一阶段

以"情绪集结站"为主题开展系列活动。通过活动让幼儿了解人们在生活中会产生各种不同的情绪,当有快乐、伤心、害怕、愤怒等情绪时会出现哪些表情,会有哪些动作来表达自己的情绪。通过阅读绘本活动让幼儿知道不同的颜色代表着不同的情绪,初步学习缓解不良情绪的方法。通过音乐活动让幼儿在音乐游戏中控制自己的情绪,体验情绪的多变以及音乐游戏的乐趣。

2. 第二阶段

在了解各种情绪后,开展"情绪空间站"系列主题活动。通过活动,进一步让幼儿正确认识自己的情绪,学习正确表达自己情绪的方式方法。通过建立情绪小档案,让幼儿有了抒发情绪和记录情绪的通道,极大地激发了孩子们记录自己心情和分享自己心情的积极性。在美术活动中,让幼儿创作自己的情绪表情包,感受情绪的多样性,并记录自己在游戏中或生活中高兴的时刻,体验开心的情绪。

3. 第三阶段

通过第一、二阶段的学习,幼儿初步掌握了记录自己情绪的方法,并进一步认识了自己的情绪。在第三阶段,教师引导幼儿学会在生活中遇到各类情绪时,能用正确的方法来表达自己的情绪。在"情绪集结站"系列活动中,通过语言、社会、健康等活动让幼儿学会将坏心情变成好心情的方法,并能主动关心同伴的情绪,激发幼儿的同理心以及助人为乐的品质。学习传递快乐的方法,感受快乐的重要性。

(二)区域提示

区域名称	区域材料
宠物服务站	1.投放各类动物玩偶;2.投放各类篮子、食物盒子、水盆;3.提供黏土、彩纸、剪刀、画笔等工具
饰品小店	1.投放各类串珠、绳子;2.提供黏土、作品图片;3.提供半成品发卡、发箍、奶油胶;4.提供剪刀、胶棒、包装纸
玩具吧	1.提供各类积木、拼插玩具;2.投放五子棋、三子棋、象棋、飞行棋、跳棋;3.投放科学材料及操作单;4.提供七巧板和图形拼图材料
美工区	1.皱纹纸、彩纸、复印纸、报纸、贴纸、宣纸等各种纸张;2.画笔、调色盘、油画棒、水彩笔、剪刀、胶棒等工具;3.提供涂色图案,让幼儿练习涂色;4.提供剪纸图案让幼儿练习使用剪刀;5.提供纸盘、毛根、纸筒、棉花、纸杯等
图书区	1.提供故事骰子;2.投放各类情绪绘本;3.提供空白自制图书;4.投放看图按顺序讲故事图片;5.投放"我做你猜"材料
建构区	1.提供纸杯、纸牌材料;2.提供各类积木材料;3.提供房子、桥梁等建筑图片;4.投放画纸、笔

（三）家园共育

（1）请家长为幼儿提供关于情绪的相关绘本。
（2）利用家园联系栏向家长宣传主题活动开展内容。
（3）请家长收集纸箱、纸杯等材料。
（4）请家长陪伴幼儿一起完成关于情绪的调查表。

（四）主题环创

1."我的情绪小怪兽"

　　通过主题系列活动让孩子知道人类会产生不同的情绪，每一种情绪都代表着不同的心情，并且每种情绪可以用颜色表达出来，比如红色代表生气，黄色代表开心，黑色代表害怕，蓝色代表伤心，绿色代表平静。幼儿在活动中尝试将颜色和心情进行匹配，了解自己情绪的多样性，并通过美术活动来创作自己的情绪小怪兽，初步正视自己的情绪小怪兽。

　　2."情绪集结站"

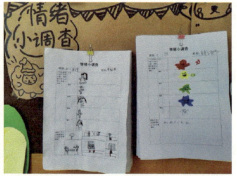

　　在"情绪集结站"系列活动中，幼儿进一步感知自己情绪的多样性，并正确认识自己的情绪，知道每一种情绪都是反映内心的感受，不用害怕它的出现。通过美术活动，孩子能够观察并画出生活中出现的高兴或者不开心的事情，通过亲子调查表，孩子发现了生活中存在着许多情绪小怪兽，并初步掌握了缓解不良情绪的方法。

3."好情绪有方法"

在"好情绪有方法"系列活动中，幼儿进一步学习了关于正确表达自己不良情绪的方法，也能通过自己的方式找到坏心情变好心情的方法。通过绘本、谈话活动和艺术活动，幼儿进一步感知快乐的事情有很多，快乐可以让身体更健康。通过活动激发了孩子向他人传递快乐、帮助他人缓解坏心情的品质。

五、主题典型活动

★典型活动一：我的心情(重点领域：健康)

活动目标：

(1)了解心情是多种多样、不断变化的。

(2)欣赏毕加索画作《哭泣的女人》和《梦》，了解画作所表现的画家心情。

(3)了解表达自己心情的方式有很多种。

活动准备：

课件准备：小朋友不同心情的相关图片；《哭泣的女人》和《梦》名画实拍图；保持好心情的方法的相关图片；《我的心情》动画视频。

材料准备：画笔、画纸。

活动过程：

(1)出示图片，引导幼儿认识各种各样的情绪。

①图片里几个小朋友的表情有什么不同？他们的心情是怎样的？

②引导幼儿讨论造成不同心情的原因。

图片中的小朋友为什么会有这样的心情？他们可能发生了什么事？

③小结：人的心情非常丰富，有快乐的、生气的、难过的、害怕的……我们的心情会根据我们遇到的情况发生变化。

(2)出示名画，引导幼儿认真观察，并感受画里的心情。

①出示毕加索画作《哭泣的女人》和《梦》，请幼儿进行对比，说出不同。

这两幅画是著名画家毕加索的作品。有一幅是画家在心情不好的时候画的，你们觉得是哪一幅，为什么？

②出示名画《哭泣的女人》，请幼儿看一看。

仔细观察图画，从哪里可以感觉到画家心情是不开心的？

③小结：画中的女人正在哭泣，而且画的色彩比较暗沉，所以可以看出画家画画时是不开心的。

(3)出示名画《梦》，请幼儿认真观察。

①画这幅画时画家的心情是怎样的？为什么？

②小结：画中的女人眼睛微闭，表情安逸，双手垂放在肚子前，动作放松，感觉很舒适；而且画中有红色、黄色等明亮、温暖的颜色，让人感觉愉快。所以画家画画时心情是愉悦的。

(4)引导幼儿了解表达自己心情的方法。

表达心情还可以用唱歌，也可以用哭、笑、语言等方式来表达。

(5)播放图片，引导幼儿了解保持好心情的方法。

①保持好的心情，不仅对我们的健康有好处，而且能让我们的生活更快乐。可是我们难免会有不开心的时候，那我们要怎样让心情好起来呢？

②小结：心情不好的时候，我们可以去做运动，看美丽的风景，或者和朋友一起聊天，这些方法都可以让我们开心起来。

★典型活动二：心情树叶(重点领域：社会)

活动目标：

(1)尝试记录自己的情绪，并能关注他人的心情。

(2)能用合适的语言表达自己的心情，初步学习让情绪愉快的方法。

(3)愿意并主动参加集体活动，感受群体活动能使心情愉快。

活动准备：

环境准备：布置"心情树"墙面。

课件准备：《心情》组图；《叶子》组图。

纸面教具："心情树叶"(教师提前裁剪)。

材料准备：固体胶。

活动过程：

(1)出示组图《心情》，引导幼儿理解颜色可以代表心情。

①图中的小朋友是什么心情呢？你是怎么看出来的呢？

②每个人都会有不同的心情，我们可以用表情来表现心情，也可以用颜色来代表心情，可以用什么颜色呢？

③小结：老师觉得红色可以代表生气，因为红色像一团燃烧的火，可以表现人们生

气的样子；绿色可以代表开心，因为我们常常在公园、郊外看到绿色的树木、草地，想到绿色的画面，会感觉心情愉快；枯黄的颜色可以代表难过，因为在秋天，树叶没有了生命力和活力，一片片掉落在地上，让人感受到悲伤的情绪。

(2)出示组图《叶子》，鼓励幼儿说一说能够代表自己心情的叶子颜色。

①提供纸面教具"心情树叶"，引导幼儿根据自己的喜好分别选择能代表三种心情的叶子颜色。

②引导幼儿展示自己认为代表开心、难过、生气的颜色。

小朋友选择代表自己开心、难过、生气的颜色，再把叶子举起来，让老师数一数，哪一个颜色的叶子最多。

③教师根据班级投票情况统计，确定三种颜色分别代表的心情，并以此开展接下来的活动。

(3)组织幼儿玩游戏"贴树叶"，引导幼儿使用不同颜色的树叶表示心情。

①组织幼儿玩游戏。

小朋友们现在是什么心情呢？把代表你心情的树叶贴在心情树上吧！

②教师根据班级实际情况，请幼儿说说自己的心情以及原因。

心情树上有表示不开心和生气的树叶，说明有的小朋友不开心，还有的小朋友生气了，是为什么呢？

(4)师幼讨论能使人情绪愉悦的方法，并请幼儿演示。

小朋友们难过、生气的时候，我们有什么办法可以帮帮他(她)呢？试着做一做吧！师幼小结方法。

六、反思与生成

在"情绪小怪兽"主题活动中，结合幼儿的兴趣和年龄特点开展了一系列关于情绪认知的活动。通过这些活动，幼儿基本能正确认识自己的各种情绪，知道不同的颜色可以代表不同的心情，并且能准确地表达自己的情绪。主题活动后将活动过程呈现在主题墙上，让幼儿可以回忆相关知识经验。通过学习，幼儿初步掌握了用正确的方式调节自己的不良情绪，但是需要成人在旁边进行引导。在主题活动中，重视幼儿的情绪体验，但是忽略了家园共育的亲子互动，主题活动需要设计亲子互动的内容才能让家长主动配合主题教育。

主题活动十三：智慧小博士(大班)

韩 爽 谢洛如 张 弟

一、主题由来

近年来，世界各地地震灾害频频发生，地震给我们的生活带来了巨大冲击。孩子们从家长、身边新闻中对地震也有所了解，常常会聚在一起议论："地震来了我们要躲到厨房里、要跑到空旷的地方……"孩子们产生的问题也越来越多："为什么会发生地震呢？""怎样减少地震的发生？""如果自己被困在废墟里，要怎样做？"可以抓住这一教育契机，尝试让幼儿在认识自然灾害——地震的基础上了解关于地震的一般常识与自救的方法。

　　主题活动将引导幼儿了解地震的基本常识及基本的避震技能，帮助幼儿掌握正确的逃生要领，从容应对地震灾害。帮助幼儿树立自护、自救的意识。主题网络如图 2-13所示。

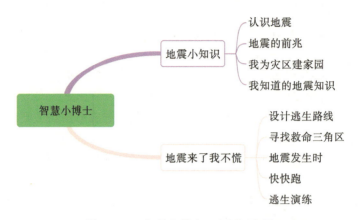

图 2-13　"智慧小博士"主题网络图

二、主题主要内容

活动内容	"8S" 能力							
	自我 认知	自我 服务	自我 识别	自我 防范	自我 调节	自我 控制	自我 救护	自我 适应
认识地震	√							
地震的危害			√					
地震应急包	√							
寻找救命三角区				√				
应急避难场所标识						√		
地震来时我不慌					√			
救灾的人们					√			
地震演练							√	
地震的前兆	√	√		√				
我为灾区建家园						√	√	√
设计逃生路线	√		√	√				

三、主题教育目标

(1)了解地震形成的原因及地震来临的前兆。

(2)了解地震发生时的表现以及地震给人们带来的危害。

(3)了解地震自救的一些方法,学习遇到问题不慌乱,敢于动脑筋想办法解决。

(4)正确看待灾后出现的恐惧、悲伤、愤怒等情绪。

(5)感受地震灾区的严重灾情,培养同情心和爱心,感受人与人之间的真情。

(6)知道发生地震时该如何应对,掌握简单的逃生技巧。

(7)掌握躲、藏、钻、跑等技能,提高身体运动素质。

(8)在同伴遇到危险心情低落时,懂得安慰和关心他人。

(9)理解地震故事内容,能大胆地讲述自己的看法或客观评价他人的发言。

(10)在逃生演练中,能依据幼儿园的环境进行有序的疏散。

四、主题活动规划

(一)活动进程

1. 第一阶段

认识地震。了解地震的形成及发生原因,帮助幼儿了解地震相关的知识。

2. 第二阶段

了解地震自救方法。主要通过集体教育活动、区域游戏活动、家园活动、创设主题墙等多种形式引导幼儿了解地震自救方法。

3. 第三阶段

练习逃生技能。引导幼儿在前期经验的基础上进行实践,通过"寻找救命三角区"等地震逃生演练活动帮助幼儿习得逃生技能。

(二)区域提示

名称	区域材料
图书区	1.投放与地震相关的书籍;2.幼儿自制图画书(地震相关)
建构区	1.提供各种类型的积木;2.废旧奶粉桶、废旧纸盒;3.逃生安全工具(安全帽、安全手套)
美工区	1.画纸、订书机、水彩笔等;2.彩色纸

(三)家园共育

(1)家长引导幼儿了解关于地震的小知识。

(2)在家园联系栏中向家长介绍"救命三角区"。

(3)请家长与幼儿一起寻找家里的"救命三角区"并完成任务单。

(4)家长与幼儿共同完成家里的逃生示意图。

(5)共同收集网络、电视中有关地震的资料或图片,并为孩子讲述。

（四）主题环创

1."地震的形成"

认识地震。请家长和幼儿一同收集与地震有关的图片，帮助幼儿了解地震形成的原因，并当众讲述自己学到的地震知识。

2."地震的前兆"

　　了解地震灾难。让小朋友们理解灾难面前大家互帮互助的情感友谊，设立"一方有难、八方支援"爱心屋，开展急救箱等小游戏让幼儿懂得在生活当中应提前预备急救物品。

　　3."寻找救命三角区"

　　通过"寻找救命三角区"活动，进一步提高幼儿的安全意识和应急避震本领，让幼儿寻找家里的"救命三角区"，以便遇到地震时，能快速做出反应进行躲避。

　　4."地震中逃生"

逃生演练。让孩子了解地震逃生的基本方法以及更多的逃生技能和自救方法，学会保护自己。

五、主题典型活动

★典型活动一：认识地震（重点领域：科学）

活动目标：

(1)初步了解地震形成的原因及地震来临的前兆。

(2)激发幼儿观察周围环境的兴趣。

活动准备：

视频《地震的形成》、PPT课件《地震的前兆》。

活动过程：

(1)回忆已有经验，说说地震给人们带来的灾难。

(2)通过视频，帮助幼儿了解地震的形成过程。

教师：小朋友们，地震的危害太大了，那么为什么会发生地震呢？地震又是如何产生的呢？接下来请小朋友们看一段视频，看谁能在视频里找到答案。

教师：大家找到答案了吗？

小结：地震就是人们常说的地动，是地球表面的震动，它与刮风下雨一样，是一种自然现象。在地球表面有许多的板块，当板块与板块之间相互挤压碰撞，就会造成板块边沿及板块内部产生错动和破裂，从而引起地震。

(3)地震的预防。

①日本是一个地震多发的国家，在日本的家庭里都会准备一个地震急救箱，以备急用。让我们一起来看一看急救箱里都有些什么？（提问：水和饼干我们需要它吗？手电筒能派上什么用场？收音机也能帮助到我们吗？小小的哨子有什么用？手套能有什么用处？）

小结：有了急救箱里的这些东西，我们就可以利用它们来帮我们渡过难关了。

②地震很可怕，如果我们能提前知道地震何时发生该有多好？但现在我们还无法准确地预测地震的发生。但如果我们仔细观察，就会发现在地震发生的前一两天或几个小时内经常会发生一些异常的现象，我们一起来看一看吧。

小结：地震发生之前有些动物会发生异常，如鸡会爬上树、鱼儿会在水面跳……这些现象都要通过仔细观察才能发现，小朋友发现后可以及时告诉周围的人。

(4)引导幼儿讨论：如何减少地震的发生？

①教师：地震的危害太大了，要如何才能减少地震的发生呢？

②幼儿相互交流讨论。

③小结。

★典型活动二：地震的前兆（重点领域：社会）

活动目标：

(1)了解地震发生前会有哪些异常的现象。

(2)感受地震发生地区的严重灾情，学会同情和关心他人。

活动准备：

汶川地震相关视频，相关 PPT 课件。

活动过程：

(1)观看汶川地震前的图片。

①看完图片，请小朋友说一说，地震前的汶川是一个什么样的地方。

②小朋友们喜欢这样的地方吗？为什么？

(2)了解幼儿已有的地震知识。

教师：2008 年的 5 月 12 日，在汶川发生了一场严重的自然灾害，你们知道是什么吗？

教师：地震会给人们带来哪些危害呢？

(3)观看视频《汶川地震》，进一步了解地震给人们带来的危害。

教师：看完这个视频你们的心情怎样？

教师：这次的地震给汶川和汶川人民带来了哪些危害呢？

小结：地震时地面剧烈震动，房屋会倒塌，建筑物被摧毁，家里的东西会被压坏，汽车会被压扁，许多人在地震中受伤或丧失生命，地震给我们的生命和财产带来了很大的损害。

(4)通过图片，引导幼儿了解地震前会有哪些异常现象。

教师：地震危害这么大，那我们如何能避免和提前发现呢？

①观看地震前兆的相关视频。

②提问：你看到地震前动物们会有哪些变化？

六、反思与生成

通过本次主题系列活动的开展，幼儿对地震灾害有了正确的认识，也初步掌握了发生地震时的自救方法，提升了幼儿的自护能力。活动中，教师始终扮演观察者、指导者、参与者角色，支持和鼓励孩子积极参与主题活动，有效帮助孩子更直观、更深入地掌握自救自护方法。在引导幼儿学习的过程中，班级教师也搜集了地震的相关资料，教授幼儿的同时也受益匪浅。

第三章　奏响安全乐曲的课程故事

　　幼儿园课程故事是教师以讲故事的形式记录自己在教育实践中真实、鲜活和发人深省的课程事件，表述自己在实践过程中的亲身经历、内心体验和理解感悟。课程故事扎根于课程现实，面向课程事实，聚焦课程实践，利用课程故事的认知、反思和叙述功能，弥合理论与实践之间的鸿沟，能发挥教师的主体性，提高其专业发展的实效性和持续性。在幼儿园安全教育过程中，撰写相关课程故事能完善安全主题课程活动，更好地帮助儿童掌握8种安全自护能力。（本章出现的幼儿姓名均为化名。）

课程故事一：安全伴我快长大——我不跟着陌生人走

阚伦琴　彭蓝冰

一、观察与描述

　　新学期开始啦！通过上学期的幼儿园生活，小班的孩子们了解了部分安全知识，但是当真正遇到事情时，孩子们依然会忘记安全注意事项。为了提高孩子们的安全防范意识和自我保护能力，尽量避免拐骗幼儿和伤害幼儿人身安全的事情发生，进一步加强家长们对幼儿防拐骗的安全教育意识，我们特邀请志愿者家长来园开展了防拐骗的安全演练活动。

　　活动前，为了让孩子们深刻感受活动的真实性，志愿者家长们和老师们共同商量活动流程。活动正式开始了，阚老师将手机调整为录像模式后，给孩子们说老师需要出去拿一些材料，并请孩子们安静地等待。随后，老师离开教室到走廊上观察孩子们的情况。紧接着，志愿者妈妈拿着小猪佩奇气球和棒棒糖等物品来到教室里。

　　在演练活动中，志愿者妈妈与孩子们交流了孩子们最感兴趣的事情后，试图利用小猪佩奇气球和棒棒糖带领孩子们离开教室。孩子们听到志愿者妈妈说要带孩子们离开时，纷纷表示自己不会一起走的想法，有的孩子直接说"阿姨我不认识你，老师说不能跟不认识的人走，这样会被带走的，如果带走了就看不到老师和爸爸妈妈啦！"但也有一部分孩子没有说话。过了一会儿，志愿者妈妈还在继续诱导孩子们离开教室，有的孩子看到别的班上有家长带着班级孩子出来后，看起来似乎有点着急了。这时，一个平时特别活泼的小男生熙熙第一个站起来表示愿意拿玩具跟着志愿者妈妈一起离开，接着出现了部分孩子都愿意跟着志愿者妈妈离开教室，有些孩子看到同学想要跟着不认识的阿姨离开，主动伸手去拦住那些想要离开的幼儿，有的孩子在同伴的劝阻下留了下来，但是也有 8 个小朋友跟着志愿者妈妈离开了教室。活动中发生的所有事情，老师都在一旁仔细观察。活动结束后，老师及时询问了留在教室里面等待老师的孩子们和离开教室跟着志愿者妈妈离开的孩子们各自的原因。

二、分析与反思

通过对演练活动统计后发现，有 8 位幼儿的安全自我保护意识较弱，容易轻信陌生人的话，并愿意拿着陌生人所给的食物和玩具跟着陌生人离开教室。班上多数孩子并没有拿陌生人给的玩具和食物，也没有跟着她们离开教室。通过本次的演练活动能看出演练的必要性，虽然平时老师和家长们都在给孩子们讲安全，但在这样的演练活动中还是能看到部分孩子的自我保护意识薄弱。通过观察发现，平时开朗活泼、喜欢表现自我的孩子更容易被骗。因为这些孩子喜欢与人交往，对自己充满了自信心，所以对"帮阿姨拿东西""我和你们老师讲了，你能和我一起玩耍"或"我们一起去玩游戏"等这样的比较新颖的拐骗招数毫无抵触，对事情好坏的分辨能力不够，缺乏自我保护能力。

三、教育策略

(1)针对幼儿的现状，通过与家长充分交流和沟通，老师和家长之间一定要达成共识：不管是在家还是在幼儿园都要做好幼儿的安全教育，对幼儿开展安全教育是一项重要而长期的工作。由于幼儿的安全自我保护意识和自我保护能力较弱，因此需要幼儿园老师和家长一起保护好每个幼儿。

(2)本次演练活动充分发挥了家长资源的优势。在演练前家园一同商量本次的演练活动。演练活动后，家长和老师一起交流讨论，设想如果遇到这样的事情，应该怎样引导幼儿正确面对危险。

(3)家长自身也要增强安全防范意识。应该通过家长会或其他的方式向家长们宣传安全知识，提醒家长们时刻注意幼儿的安全，照看好幼儿。同时也可通过线上平台建议家长们在家也要教给幼儿一些自我保护的意识，掌握一些基本的防拐骗技巧等。

四、教育效果

通过这段时间的观察与指导，孩子们在了解一些防拐骗小知识的同时，也知道了更多保护自己的方法。当孩子们发现不认识的叔叔阿姨时，会寻找保护自己的方法，而不是盲目听信他人的话跟着陌生人走、吃陌生人的食物等。与此同时，孩子们通过演练活动也积累到了很多经验，增强了孩子们的自我保护意识。希望在孩子们今后的成长道路上，学校和家长一同携手教给孩子们更多的安全知识，引导他们远离危险，让安全意识永记心中，让孩子们像花朵一样茁壮成长。

课程故事二：防侵害

屈红梅　胡　雯

一、观察与描述

一天，我们在进行餐前活动时，有一名女生和一名男生正热烈地讨论着什么，我悄悄地走过去听到男生说："我可以亲你一下吗？"还没等女生作出回答，男生就凑过去亲了女生的脸一下，女生马上就摸着脸哭着对我说："老师，正正亲我的脸，我讨厌他！"我把男生带到一旁对他说："男生和女生是不一样的，男生不能随便亲别的女生，你亲了她们，她们会生气的，觉得你在欺负人。"他看着我，悄悄地对我说："在家里妈妈就是这样亲我的，妈妈是女生。"听着他的话我竟一时失语了。

我们在手机、电视新闻里经常会看到一些关于儿童被侵害的新闻，作为两个孩子的母亲，我的内心是很惶恐和不安的。

二、分析与反思

儿童对一些亲密行为不能正确地做出判断，对危险事物的警惕性差，对陌生人和异常现象缺乏戒备，防范侵害、保护自己的意识和能力较弱。现在儿童的"自我保护意识"是全社会关注的热点，作为幼儿教师，应该怎样帮助孩子们建立正确的"自我保护意识"，勇敢地向坏人说"不"呢？

三、教育策略

(一)集体教育活动的开展

首先让孩子们认识自己的身体，并知道自己的隐私部位，从最基本的了解到深入的发现。在活动中，通过男生女生的图片让幼儿观察男生和女生有什么不同。每个人都有隐私部位，而且不能随意触碰。其实这些知识就是科学，不管我们是作为教师还是家长，都应该用正确的语言告诉他们。

然后我们对坏人的形象进行了讨论："怎么辨别坏人呢？"对于坏人，每一个孩子都有自己的想法，不过他们的认知仅仅限定于："坏人有大大的牙齿、血红的眼睛、巨大的手和邪恶的笑容。"虽然孩子对于坏人有了一定认识，但是坏人并不都是那样，有的坏人很和蔼，还会给你美味的糖果和漂亮的礼物。所以，还应该从他们的一些行为、动作、语言来判断。

最后我们开展了辩论赛"坏人来了怎么办"，是躲避还是反抗呢？正反两组小朋友展开了自己的辩论，活动中孩子们积极思考，各抒己见。通过辩论，每个孩子都能根据自己的生活经验，表达自己的看法，交流不同意见，合作意识和遵守规则的意识得到锻炼和提高。最后大家达成一致观点：坏人来了选择躲避是最安全的。

(二)组建自己的爱心圈

孩子的身边有各种各样的人，那么我们身边的人谁可以亲近我们呢？除了最亲近的父母外，孩子们列了一个"爱心圈"名单，名单上的人是可以拥抱、亲亲的，是孩子们信任和喜爱的人。有的孩子写上了爸爸妈妈、爷爷奶奶、老师、护士姐姐还有自己的好朋友等，同时还将"爱心圈"名单上的人画了下来，代表这是可以亲近自己的人。

(三)家园配合

孩子们对防侵害知识有了一定的了解，我们可以通过家园合作向他们传达"五大警告"：视觉警告、言语警告、触碰警告、独处警告和拥抱警告，这 5 个警报都是危险信号，当有人对你做出这 5 种行为中的任意一种时，就可以判定"那个人"是个坏人，要勇敢地对他说"不"！还可以通过"亲子测试"，看孩子们是否能正确运用这些安全知识。如，如果有一个男人触碰女孩的胸脯，可以吗？(触碰警报)；医生在妈妈的陪同下检查你的隐私部位，可以吗？(可以)……在这样的问答中，孩子们关于安全和危险的界限就越明晰。

家长也会告诉孩子，如果你们不喜欢别人触碰你们的方式，必须要勇敢地说"不"，也不需要害怕。如果遭遇到这样的坏事，说"不"永远不会太迟，告诉你的爸爸妈妈或熟悉的人，还要让其他的小朋友远离那个坏人。

四、教育效果

孩子的安全教育很重要，很多危险都是在不经意间发生的，孩子的安全意识要从小培养，要在日常生活中潜移默化，让孩子学会保护自己，知道在遇到侵犯时该如何反抗，遇到不公平对待时该如何表达和处理。

我们从孩子们已有的生活经验出发，通过观看视频，搭建生活与教学的"桥梁"，引导他们主动参与，从而在观看中感悟和关注他们的情感体验以及内心感受，让他们能够分辨是非，在复杂的环境中做出准确的判断和选择，培养他们对事物的正确态度。通过问题的提出，让他们去自主合作、探究，在探究新知识的同时获得轻松、愉悦、成功的情感体验。

课程故事三：安全无大小　事事须警惕

周东梅　肖静梅

提到幼儿园的安全事故，我一直都心有余悸，因为在我内心深处一直有个阴影挥之不去，时至今日我依然不愿触及。特别是当我成为一名安全管理人员后，虽然幼儿园的各项设施设备越来越安全，但也时刻强调安全的重要性，因为看到太多年轻教师像当初的我一样缺乏安全意识，导致健康可爱的孩子在老师的眼皮底下发生安全事故。这些促使我鼓足勇气把它梳理出来，给更多像当初的我一样年轻的新老师一个警醒，尽量避免安全事故的发生。

一、观察与描述

那是十多年前的一个周五，天气炎热，连续上了四天班的我已经声音嘶哑、疲惫不堪了。想到今天是周五，放学后终于可以休息了，心里些许有些安慰。当时孩子们正在玩户外大型玩具，滑滑梯的、滚轮胎的，天气炎热依然挡不住孩子们玩耍的热情，孩子们的身影在我面前晃动着，他们玩得多开心！

然而此时正隐藏着一个巨大的危险，林林小朋友爬上滑梯和边上的朋友说笑着，在那站着，却不滑下来。我看到这一幕，本想去提醒他下来，不要站在上面，然而我却没有移动脚步，心里有个声音在说应该没事的，高度不高，即使跳下来也应该没事的。不料，林林纵身一跳没有站稳，跌倒了，手碰在地上，大声地叫了一声"啊"。我赶紧跑过去，把林林扶起来，连声问："疼不疼"？林林轻轻点了点头。看林林的样子，应该不会有事，我还在安慰自己。这时经验丰富的林老师走过来，仔细检查了林林的全身，又让林林举手，结果林林的左手举不起来，我瞬间崩溃了——骨折！

我和保健医生立刻送林林到医院，同时通知家长赶来。面对焦虑的家长我心里全是悔恨！一句句的对不起，但有什么用处？要是当时我及时制止了就没有这一切。

幸好有幼儿园的有力支撑，为了让林林得到最好的治疗，园领导决定将林林转到省城的骨科医院。挂急诊号、缴费、照 CT、手术等一系列流程后，医生在最短的时间内为林林接上了骨头。满手缠着绷带、打着石膏的林林被家人从手术室推出来，五岁的林林表现得非常的坚强，在接骨头的过程中始终没有哭一声，面对如此勇敢的小小男子汉、宽容大度的家长，我显得更加愧疚。从食堂打来饭菜一口一口喂着林林，买他喜欢吃的水果，我尽心尽力地照顾着林林，想弥补我的过错，减轻我的负罪感。

我在心里祈祷林林尽快恢复，然而事情未能如我所愿，幼小的林林怎会愿意一动不动地躺在那静养？再次回到骨科医院，这一次就没有那么幸运了，错位的骨头如果不重新接好，以后长出来的骨头就会变形，加之林林骨折的那只手以前就骨折过，已经形成了习惯性骨折。

林林再次走进了手术室，没有打麻药，之前被接好的骨头被活生生地拉开、重新接、打钢针，那一声声撕心裂肺的哭声是我听到这个坚强的孩子从入园来第一次哭，那是怎样的痛！我的心也在流泪！时至今日，那是我听到的最痛苦的哭声，想起那个场面我仍心有余悸。

二、分析与反思

《幼儿园教育指导纲要(试行)》中明确指出：幼儿园必须把保护幼儿的生命和促进幼儿的健康放在工作的首位。作为一名幼儿教师，必须在心中紧绷着一根名为"安全"的弦，只有重视安全，才能保障幼儿的安全。因为我的大意，我的侥幸，认为以前有孩子从滑梯上跳下来都没事，然而我忽视了个体的不同，碰巧林林就是这个个体。让一个健康的孩子遭受如此大的痛苦，打乱了一个家庭的正常生活，让众多人为我的大意买单，我再怎样尽力都无法挽回。

一个月后，林林出院了，却还要在家静养，不能和心爱的小伙伴玩耍，妈妈继续请假照顾。或许随着时间的流逝，林林会逐渐忘记在他幼年时发生的这件事，然而在我心里是一辈子也无法抹去的。

三、教育策略

安全事故已经发生了，逃避、恐慌以及后悔都解决不了任何问题，只有直面问题，理智、冷静、真诚地处理，同时，认真分析事故发生起因、总结经验、吸取教训，才能杜绝事故的再次发生。

(一)做到心中、眼中有幼儿

当家长将幼儿送到你手中的那一刻起，你就承担起监护人的责任，他(她)就是你的"子女"，你要为他(她)的生命安全担负起所有的责任。因此，无论在教室里还是在户外都要真正做到心中有幼儿、眼中有幼儿，不要轻易让幼儿离开自己的视线范围。

(二)学会预见危险

危险无处不在，可以是有形的，也可以是无形的，作为一名合格的幼儿教师一定要具有预见性。学会用发现的眼光去观察幼儿生活中的环境、设施设备等，及时采取措施，将可能会出现的安全问题扼杀在萌芽状态。

(三)让安全教育无处不在

陶行知说："教育的根本意义是生活之变化。生活无时不变即生活无时不含有教育的意义。"因此，在幼儿的日常生活中我们应创设与安全有关的环境、随时利用环境开展安全教育教学活动，也可以创设情境让幼儿讨论安全事故可能会发生的原因以及避免事故发生的方法等，从而培养幼儿的安全意识，提高幼儿的自我保护能力。

(四)家园携手安全同行

《幼儿园教育指导纲要(试行)》中指出：家庭是幼儿园重要的合作伙伴，应本着尊重、平等、合作的原则，争取家长的理解、支持和主动参与，并积极支持、帮助家长提高教育能力。作为一名教师，应将安全教育的理念、知识、技能、方法及时传递给家长，让家长和我们一起携手为幼儿的生命安全保驾护航。

四、教育效果

如今把它记录下来，心里释然了许多，我希望年轻的老师从这个真实的案例中想想在自己带班的过程中，是否有过这些相似的情况，如果有，就请你一定引起重视。幼儿园的孩子年龄小，缺乏安全意识，然而孩子们又有好奇心、好动，在生活中对危险事物不能做出正确的判断，不能预见行为的后果，遇到危险不会保护自己，作为一线老师，除了在活动前检查环境是否有安全隐患、在集体活动中对孩子进行安全教育，最重要的是我们老师还要有高度的责任心，重视安全就是呵护生命。

每次看到天真活泼的孩子，我都会用这起安全事故来警醒自己，随时鞭策我的工作，真正做到心中、眼中有幼儿，时时把安全放在最重要的位置。

让我们一起去呵护这些可爱的小天使，让他们在安全的环境中健康、快乐地成长！

课程故事四：消防安全谨记于心

方　容

一、观察描述

每年 11 月是我们的安全教育活动月，我们根据工作计划开展了防火的安全教育。孩子们在活动中了解了火灾的危害，也学到了生活中的防火小妙招。我们通过图片的形式认识了灭火工具，最后孩子们一起在园内找到了消防栓、灭火器以及安全出口的标记。本次活动中我发现了班上一位男孩子泽泽，他在活动过程中表现很突出，每找到一个灭火器或消防栓都会呼唤同伴过去看，还有模有样地跟同伴讲"看，这个上面有数字，你知道是什么吗？这是火警电话 119"，"这上面还有灭火的图片呢，里面的管子可以喷水灭火"。

今年 11 月 24 日，全园开展了消防安全演练活动，大家在老师的带领下，拿着湿毛巾捂住口鼻，有序地撤离教室，来到安全区域。活动后，泽泽对消防车很感兴趣。他问我："那他们灭火时，消防车坏了怎么办？"我说："每一辆消防车每天都会检修，如果坏了是不能出任务的。灭火时出现问题就需要马上增援，再继续派消防车过来"。

11 月 28 日晨间活动中，孩子们自由选择游戏材料进行游戏。泽泽拿出了魔术棒玩具箱开始游戏。他一个人独自玩耍起来，先拿出两根魔术棒，再找出了一个圆柱形的小积木，开始用这些东西做不同的造型，他把两根魔术棒掰弯，安插在小积木上，他看了看自言自语道"这个好像灭火器"，于是他拿起来做灭火的动作，并发出："快快，让开，这里起火了，我要灭火"。这时另一组的小朋友被他吸引了过来，也加入了他的灭火游戏。孩子们还制作了不同的"灭火器"，玩起了灭火的角色游戏。

在游戏中，泽泽又开始利用其他的游戏材料，他端出一筐彩色的管状积塑玩具，并把这些彩色管子一个一个地连在一起，变成了一根很长的"水管"。他又跟同伴说："走，那边起火了，我们去灭火吧，这些是水管可以喷水哦，都可以把很大的火灭掉"。

12 月 2 日午餐后，大家自选图书进行阅读。泽泽在书架上认真地寻找着，翻了好几遍，最后拿到一本书，翻阅后发现不是自己要找的图书，又继续第二次寻找，最后终于找到了自己喜欢的图书。原来是关于消防车灭火的图书，他和同伴一起看了起来，边看边讲，看起来很开心。

二、分析与反思

随着我们生活环境的不断变化，幼儿园的安全教育也变得越来越重要。安全是首要的，没有安全其他更无从说起。我们经常在思考如何给孩子们进行安全教育，既让他们感兴趣，又能学习到自我保护的方法。在本次案例中，我们发现孩子有自己的学习能力，但是老师要提供一定的条件和契机。幼儿时期是好奇心最浓厚的时期，好奇心是驱使孩子对某一事物产生兴趣，并自发去学习的重要心理，在这里体现得淋漓尽致。

三、教育策略

（一）开展安全教育，首先要激发幼儿的兴趣

在本次观察中，泽泽小朋友对消防灭火很感兴趣。从开始的集体教学活动到个别的自选活动，他能够把感兴趣的内容融入游戏，并自创出新的游戏情景带领同伴们一起玩耍。相信他已经把消防安全谨记于心了。因此，安全教育可以采用故事情景、案例视频等形式导入，避免枯燥乏味。

（二）安全教育的内容来源于幼儿生活

消防安全是孩子们熟知的，比如马路上的消防车，楼道里的消防栓和灭火器，以及消防标志等都比较常见。当然，老师们也要关注社会安全新闻，并和孩子们一起讨论，让孩子们知道安全跟生活息息相关，提高自己的安全防范意识和安全自护能力才能够保护自己。

（三）多种形式的活动培养幼儿安全自护能力

孩子们的游戏来源于生活。在观察过程中，我没有去打断孩子们的游戏，让他们跟随自己的想法去创设。当我做到放手时，会发现孩子们的想法别出心裁。在本次活动中，如果能根据孩子们的兴趣点创设出班级的区域游戏，在游戏材料的支撑下，孩子们可以进行更加深入的安全自护游戏。我们可以在班级的角色扮演区投放消防员的衣服、帽子以及情景图片，这就让消防安全的教育变得更加生动有趣。安全教育的内容是与生活紧密相连的，我们要采用更多元化的方式让孩子们学习到安全知识，通过多种教育形式培养幼儿的安全自护能力。

四、教育效果

通过这段时间的观察和记录，我们发现安全意识和安全自护能力的培养有很多有效方式，需要老师们抓住生活中的契机去引导孩子。作为幼儿学习活动的支持者、合作者、引导者，我们还需要努力做到有效的师生互动和生生互动。本活动中，我们应多站在孩子们的角度，为孩子设计出更具价值的活动，以游戏的方式，让孩子在玩乐中获得知识的体验，如防雷、防电、防地震、防煤气中毒等，令孩子终身受益。

课程故事五：防走失安全我知道

黄　玲　赤冲妮

一、观察与描述

一天，户外活动结束后，我组织孩子们排队回教室，大多数孩子听到口令后便结束了户外游戏，并快速找到我有序地排队。这时，我发现小艺、小涵、小屹三个小朋友在一旁玩得不亦乐乎，于是我又喊了一次口令，然而三个小朋友完全沉浸在他们的游戏世界中，不被外界任何声音所打扰。其他小朋友看着我在着急地呼喊他们，于是刘子睿直接小跑来到他们面前喊道："快走啦！我们要回教室啦！"这时，三个小伙伴才猛地反应过来，四处寻找后向我们跑来。

回到教室后，我组织孩子们围坐在一起讨论刚才的事儿。可能因为孩子们还小，平时对走丢、走失的情况还不熟悉，大家都觉得没有安全隐患，不存在危险。于是，我引导孩子们讨论：在幼儿园怎样预防走失？走失后可能会遇到什么事儿？孩子们开始认真地讨论，积极说出自己的想法，通过讨论这两个问题，孩子们发现走失后可能会遇到危险的事儿，比如找不到老师、找不到同伴、找不到父母，大家开始产生恐慌。接着，我们继续讨论：怎样在幼儿园预防走失？果果："要记住自己的班级和老师。"然然："出去玩儿时，眼睛要看着老师，知道老师在什么地方。"蔚蔚："听口令，老师说回教室时，要快快排队。"俊俊："不能贪玩儿。"看来，小朋友们对防走失已经有了初步的认知。

讨论结束后，我在思考：幼儿园相对安全，即使走失都会被其他老师带回班级，孩子们危机意识不强，体会不到危险。那如果在幼儿园外面和家长走失，孩子们能知道怎样自救和自护吗？

于是，我又给孩子们带来了一次关于在大型商场防走失的集教活动——《汤姆走丢了》，通过逐幅图片的观察、讨论，以及倾听故事，掌握故事内容，引导幼儿发展逻辑思维能力及语言表达能力，提高自我保护意识，掌握应对走丢事件的方法。活动中，孩子们知道了外出时要注意安全，紧跟大人，牵着父母的手或者衣角，不能乱跑，走失要找工作人员帮忙。通过活动，幼儿们又有了一定的安全意识，也懂得保护好自己是对自己负责，也是爱父母的另一种表达方式。为了进一步增强幼儿的安全意识，周四，我又带着孩子们在操场上集合回教室，这时我惊奇地发现小艺、小涵、小屹这三位朋友听到口令后快速找到我进行排队，小屹还特意跑到我面前说："黄老师，我这次没有贪玩儿，我没有走丢哦！"我看着他笑一笑，他也对我笑了。

下午游戏时间，我发现有几个能力稍强、年龄较大的幼儿在图书区拿着头饰进行角色表演。我走近一瞧，原来在表演《小兔子走丢了》的故事，我坐在一旁当观众，静静地观察。演员阵容很强大、角色很丰富，蔚蔚扮演的是与妈妈走失的小兔，遇到了浩浩扮演的坏人狐狸，浩浩："小兔，你是不是走丢了呀？我带你去找妈妈吧？"蔚蔚：

"谢谢，我不认识你。"浩浩："我带你去找吧！"说着浩浩就去牵手，旁边观看的幼儿见此情景喊道："不要，他是坏人。要找工作人员帮忙。"蔚蔚灵机一动，马上迁移以前的学习知识经验，用哭闹引起他人注意，小狐狸感觉不对，撒手就逃。小兔子来到鸡大婶旁边寻求帮助，要求打电话给警察。睿睿扮演的警察用最快的速度出警了，并对小狐狸展开追击。幼儿表演得很精彩，在一旁观看的幼儿也热血澎湃，控制不住地想要帮助小兔子想办法逃跑。看来，防走失的安全意识越来越强了！

近段时间幼儿对防走失的参与性很强，有时都会听见他们悄悄地讨论："我以前都走丢了，我还哭了。"小颖："你为什么要哭呢？要冷静呀。"小然："我害怕，我就哭了，而且以前我还没有上幼儿园，不知道走丢了怎么办。"小颖："哦，那你以后不要走丢了哦。"小然："我回去都给爸爸、妈妈说了，以后去逛超市要牵好手，我不要再走丢了。"很欣慰，幼儿们的防走失安全教育有了显著的成效，个个都是防走失的小能手。

为了进一步调动幼儿的兴趣，挖掘幼儿的潜能，让幼儿总结防走失的安全小技巧，在活动中我充分调动幼儿已知的学习、生活经验，鼓励幼儿积极表达。俊俊："逛超市不能乱跑，要牵父母的手。"小涵："还可以牵衣角。"安安："如果走丢了，要找工作人员帮忙。"婷婷："要记住自己家的位置和妈妈、爸爸的电话号码。"芃芃："出门要穿颜色鲜艳的衣服。"辰辰："不要跟着陌生人走……"看着孩子们个个都表达了自己的想法，我知道这系列活动是成功的。

二、分析与反思

《3～6 岁儿童学习与发展指南》中指出：健康是指人在身体、心理和社会适应方面的良好状态。幼儿阶段是儿童身体发育和机能发展极为迅速的时期，也是形成安全感和乐观态度的重要阶段。发育良好的身体、愉快的情绪、强健的体质、协调的动作、良好的生活习惯和基本生活能力是幼儿身心健康的重要标志，也是其他领域学习与发展的基础。

小班幼儿年龄小，生活经验还不够丰富，对任何事情都充满了好奇，自我保护的意识和能力较弱。孩子们性格都很活泼，对所有事儿都喜欢去探索，户外的世界让他们很好奇，十分向往，喜欢在户外玩游戏。可每次排队回班级时，队伍集合需要很长时间，注意力不集中，个别幼儿的目光被其他物体和玩具所吸引，容易忽略老师发出的集合口令。边玩边走就走到了其他班级队伍当中，当我班老师去牵他们时，他们都还未发现自己与老师走失了，也未发现走错班级了。所以，对小班的孩子进行必要的安全教育显得很重要。

三、教育策略

(一)教师做到：心中有幼儿，眼中有幼儿

小班的幼儿年龄小，爱探索、爱玩儿、对危险事情的判断力较弱，易出现安全事故。因此，教师不仅要做到心中有幼儿，更要做到眼中有幼儿。幼儿的活动范围不能超

出教师视线范围，做到任何情况都能在第一时间内观察到、了解到。明白安全无小事，随时关注幼儿，正如案例中幼儿出现无意识的安全隐患时，教师要及时排除或制止危险事故的发生，及时引导，并给予幼儿正确的安全小知识。

（二）教师做到：多元化教学引导

教师要紧跟新时代步伐，采用层层递进、多元化的教学手段和方法，激发幼儿兴趣，引导幼儿自主探索、自主学习。鼓励幼儿运用多种形式、多种体验掌握安全技能，增强安全意识。教师除了在集教活动中对孩子们进行教育外，还应将安全教育渗透在幼儿的一日活动中，并要有针对性地观察孩子日常生活中的一些行为，反思自己的教学是否有效地引导了幼儿。同时，围绕发生的事件，和孩子一起交流讨论，鼓励幼儿积极表达自己的观点和想法，鼓励幼儿自主参与学习安全经验，教师再进一步巩固已有的知识并帮助幼儿获得更深层次的经验，避免危险的出现。

（三）教师做到：教育要家园合作、家园同步

家园共育就像一辆自行车，家庭和幼儿园就像前后轮，如果不相互协作或者背道而驰，是不利于幼儿发展的。教育不单是教师的事儿，也是家长的事情。需要让家长参与其中，了解各阶段孩子的发展情况，制定目标并共同朝着目标前行，引导家长多关注幼儿、多有效地陪伴、多有效地引导。如家长带孩子去生活中实践"怎样预防走失"，去感受、去体验、去运用已知的经验来检验是否已掌握自救、自护方法，直接的感知会带给孩子不一样的学习过程，习得不一样的安全技能，积累不一样的安全经验。

四、教育效果

通过系列活动的开展，孩子们能说出许多自救的办法，熟记详细的家庭地址、家人的姓名、电话号码等，知道自己就读的幼儿园名称和地址。同时，孩子们对走失有了深刻的认知和了解，掌握了走失时的相关自护方法，积累了很多的经验，知道迷路、走失时应怎样求救和自救，初步建立了安全意识。相信孩子们在幼儿园、在大型场所、在户外等地方都能保证自己的安全，牵好大人的手，不乱跑。

生命是绚丽美好的，而安全是生命中坚固的防线。人的一生很长，需要我们时刻稳固防线，需要我们及时给予帮助，引导孩子远离危险。安全无小事儿，事事需细心，让健康永相伴！

课程故事六：好奇引发的危险

黄丽琼

一、观察与描述

有一天午餐后，在进行睡前 10 分钟的散步时，大二班的保育老师惊慌失措地牵着一名幼儿来到保健室。"黄医生快点儿，这个孩子说塞了一个东西到右侧鼻孔里，现在憋得难受，我们又看不见，请您给他看看。"孩子看到老师紧张成这样，自己很害怕，浑身发抖。作为一名有经验的保健医生，处理类似的问题很多，那么此时应怎样正确处理呢？

首先，我们自己要保持冷静，认真分析、思考，安抚幼儿的情绪，告知他不要害怕，有医生在没事，让幼儿情绪放松。这时再仔细询问幼儿塞的是什么东西，了解具体情况，观察塞的位置，再决定采取什么方式取出。让幼儿轻扬头，用手电筒照堵塞的鼻孔，看不清楚里面是什么，孩子也表述不清，只好先为幼儿摁住未塞东西的一侧鼻翼，让其用力呼气，反复若干次，再次检查，能隐约看到有一点白色的东西塞在鼻孔中，看来这个办法可行，塞得不是很紧，再次重复前次的动作，几次后有一个三角形的瓷砖掉在我手上，幼儿高兴得跳起来。这时的我松了一口气，此刻我没有让孩子马上回教室，而是对孩子进行了塞东西入五官的危险性讲解，反复做安全教育，直到孩子真正明白。并且对老师再次强调，进行安全教育，不要再发生类似的事情。

二、分析与反思

幼儿园每天充满欢声笑语，孩子们的一举一动随时牵动着每位老师的心。幼儿园老师的任务不仅是照顾好孩子们的一日生活，重中之重更是我们常提的"安全"，只有具备安全的环境，才能遵循《幼儿园教育指导纲要(试行)》要求——幼儿园必须把保护幼儿的生命和促进幼儿健康放在工作的首位。

孩子发生意外事故是家长、幼儿园、教师最不愿意看到的。然而，有时这也是无法避免的，因为孩子尚处在幼儿期，身体机能发展不完善，安全及自我保护意识不强，面对突发状况不知如何应对，因而易受到伤害。加强对幼儿安全的防护和安全意识的培养，可以减少安全事故发生的概率。就像这次的事故，如果教师仔细一点，及时提要求，幼儿知道这样做的危险性，事故就不会发生了。

三、教育策略

(一)教师安全知识的掌握

孩子们在 3~6 岁这个阶段正是好奇心最强的时候，对自己的身体好奇，对周围事物好奇。可能会把细小的东西塞入耳朵、鼻腔、眼睛、嘴巴等器官里，他们单纯的只为好玩，不知道行为背后的危险性。怎样才能既满足孩子好奇心，又能让他们一探究竟？这还是需要在活动中，老师随时为孩子们进行安全知识的普及，随时为孩子们解答问题。

(二)教师细致入微的观察

由于孩子辨别是非能力差，不知道好奇心带来的后果。作为班上老师，不能让孩子离开自己的视线，出现任何状况都能在第一时间发现，及时阻止危险的发生。

(三)教师具备简单的幼儿急救的方法

如遇到幼儿五官异物进入、气道阻塞、流鼻血等，可使用单脚跳、摁住一侧鼻翼、背部敲击法、腹部推压法等方法，第一时间进行急救处理，减少对幼儿的伤害。

(四)家园配合

当孩子询问家长关于自己身体的问题时，要大方地讲给孩子听，不要隐瞒，让孩子明白和清楚自己的身体结构。在生活中正确引导幼儿，讲解哪些东西和行为会带来危险，更多地关注幼儿。带幼儿多看、多问，陪伴幼儿，积累更多的安全知识和经验。

四、教育效果

通过对教师的反复培训和指导，老师们的安全意识有所提高，掌握了一些简单的急救技能；当孩子们出现一些好奇行为时，老师能通过自己所掌握的相关知识，为幼儿解疑，并组织班级幼儿一起进行学习。孩子们也积累了很多经验，了解了更多的安全知识，懂得其中的危险性。

安全教育是幼儿园教育永恒的话题，作为幼儿园长期的教育内容，它需要与日常生活有机结合和渗透(如不将异物塞进自己的身体、开关门时先要看看手是否放在门框上、吃饭时不嬉笑打闹、不玩筷子等幼儿一日生活环节的安全警示)，不仅可以避免一些意外伤害的发生，还可以提高幼儿的安全意识，为幼儿安全行为能力的发展奠定基础。

课程故事七：特殊号码

吕玉霞　廖中林

一、观察与描述

片段一：在《特殊号码》的安全教育活动中，我问如果有人生病晕倒了，旁边的人应该做些什么呢？洋洋说道："打，打，打，'yaoeleng'"，我明白他的意思，但他的表达不清楚，于是我请洋洋到前面来，我手指图片中的"120"耐心地教他发音，三遍下来，他没有结巴了，但发音还是不够准确。下面孩子都在跟着我念，而且都会了，洋洋见了有些着急，我连忙宽慰他道"没关系，我们慢慢来"，再教了两次，洋洋的发音好一些，但是更加紧张，我没有继续请他说，而是活动后慢慢指导。

片段二：在学习儿歌《报警电话》时，为了让幼儿在轻松愉快的环境中感受儿歌的意境。我采用了图片提示、音乐配乐、儿歌的教学形式，因为氛围很好，所以幼儿的兴趣也很浓厚，学习时一直追随老师的指引，但过程中我发现洋洋小朋友有些注意力不集中，他更感兴趣的是他衣服上那只可爱的白鹅，他一会低头去摸摸白鹅的嘴，一会把衣服拉起放在嘴里，我先是用眼神提醒了他，但他并不理会，后来到他身边请他说说了解的内容，虽然他的发音不准，但内容能表达出来，这令我很是意外和惊喜！抓住机会我请洋洋来到前面给大家念一念，在集体面前，他紧张得更说不清楚了，但是我依然给予了他鼓励，并表示喜欢看到他认真学本领大胆表现的样子，洋洋点点头。

片段三：开展活动《我家的电话号码》时，洋洋没做其他小动作，还很认真地关注别的小朋友的发言，轮到拼摆家长的电话号码时，他很自信、快速地拼摆了出来，我又请他继续拼摆下一组，他迅速拼摆出了四组电话号码，有爸爸、妈妈、爷爷、奶奶的，当即我就当着全班小朋友的面表扬了他，并送他一个小礼物。下午放学时，看到他兴高采烈地跑到妈妈身边迫不及待地展示自己的礼物。

二、分析与反思

安全问题是每个家庭和社会关心甚至焦心的事情，新闻中经常发布一些孩子由于不注意安全造成伤害的新闻，让每个人看了都很揪心。那么怎样给孩子建立安全意识，防患于未然呢？帮助幼儿从小建立各种与安全相关的概念和认知是非常必要的，我们班都是才满 3 周岁的幼儿，安全意识薄弱、自我保护能力不足，因此需要从零出发。我们在本期把安全教育的重点放在安全意识的培养——"特殊号码"上，每周有针对性地开展安全教育活动。

本案例中洋洋是一个性格内向、语言表达不清楚的孩子。在第一次的安全活动开展中，我就发现他了解一些安全知识，但不能完整地表述清楚。那么应该用什么样的方式才能让孩子们学习到更多安全知识、萌生更多的安全意识呢？

三、教育策略

(一)关注个别幼儿

在洋洋的案例中,教师抓住了对于个别幼儿的关注,针对他发音不清的问题,认识到这不是一朝一夕就能解决的,而是要通过慢慢地训练,循序渐进地指导,让他在集体面前不再自卑,及时给予鼓励,以增强他的自信心,达到他有进步的愿望。上课时注意力不专注也是多数孩子常有的现象,教师没有严厉地去批评他而是放大他的优点、对他充满信心,让孩子的心里明白老师对他的关爱,从而达到教学的目标。

(二)掌握正确的教育方法

为孩子培养安全意识的时候,可以结合一些实际的例子,让孩子从故事当中吸取教训和学习经验,因为孩子本身是喜欢听故事的,在真实的案例中,孩子们更能听进去,对他们的触动也更大,而且可以根据案例的内容对孩子进行提问,让他们真正地思考,获得启发,而且在孩子回答错误的时候要耐心,及时纠正与讲解,这样才能让孩子不断地加深安全意识。

(三)加强对幼儿的安全教育

《幼儿园教育指导纲要(试行)》中明确规定:要让幼儿"知道必要的安全保健常识,学习保护自己"。这就需要在幼儿园安全教育中将安全教育纳入幼儿园的教育教学活动中。这也是我们幼儿园的重要工作教育主题,"一五三零"是我们最基本的安全教育实施的时间,除此之外,我们还将幼儿安全教育渗透在一日生活的各环节活动中;将幼儿安全教育和知识学习结合起来;引导幼儿通过"说一说""比一比""演一演"等活动来掌握基本的安全知识,提高自我保护意识。

(四)家园合作,实现幼儿安全教育的家园一致性

父母是孩子的第一任教师,幼儿大多数时间是和父母生活在一起的。为了达到家园教育的一致性,做好家长工作也是必不可少的。我们通过家长会和每期的家长园地定期向家长宣传幼儿园的教育目标,使家长懂得如何在日常生活中配合幼儿园对孩子进行自我保护教育,帮助家长认识对幼儿实施自我保护教育的重要性;家长可以结合幼儿好奇心强、求知欲旺盛且行为随意性大、自控力差的特点,有意识地教给幼儿一些自我保护的知识和方法。

四、教育效果

通过几次活动中老师对幼儿的正向引导和恰如其分的鼓励,大部分幼儿能记住特殊的号码,也懂得一些简单的自救技能,能背出家里的电话号码、家庭住址等,并能正确拨打特殊电话号码:110、119、120等。

幼儿园的安全教育最终的目标是增强幼儿防范意识。安全知识最终要转化为安全行

为才是教育的根本，才是最有现实意义的。作为教师，安全工作要深入到日常的生活中。小朋友经过我们的悉心教导，也比以前更懂得保护自己了。我们还要坚持不懈地把安全教育工作做得更好，让孩子在幼儿园安全、健康、幸福地成长！

课程故事八：玩具要吃小手

袁　珍

幼儿园工作的重中之重是安全，只有为孩子提供安全的环境，在安全的基础上，才能谈教育，只有安全，孩子们才能开心地在幼儿园成长。幼儿园应注重对幼儿的自我保护教育，因为幼儿园的幼儿年龄较小，自我保护意识淡薄，极易发生意外伤害。如何减少意外伤害的发生，提高幼儿的生存质量，已越来越成为家庭、幼儿园乃至整个社会关注的问题。

一、观察与描述

在一个即将放学的下午，孩子们坐在教室里等着家长来接自己。阳阳的奶奶是第一个来接幼儿的家长。从老师手里接过阳阳后，祖孙二人就在幼儿园里的操场玩耍。不一会儿就有位家长急匆匆地跑过来说："老师，快！有娃娃的手被玩具卡住了。"当我们赶到操场时，正看到阳阳奶奶双手握住阳阳被卡住的手使劲地往外拉，阳阳则疼得哇哇大哭。看到这种情况，我马上上前制止了奶奶使劲拉的这一行为。这时的奶奶非常无助，满脸焦虑地说："老师，他的手被卡到缝里面了，怎么办啊？"我一边安抚奶奶和阳阳的情绪，一边想办法把阳阳的手从缝隙里取出来。就这样一直持续了几分钟，最后在我们的共同努力下，终于把阳阳的手从缝里取了出来。

二、分析与反思

阳阳是一个活泼、好动的小男孩。在幼儿园里喜欢到处跑，对任何事情都比较感兴趣，喜欢到处摸一摸，拍一拍，对危险的事情没有辨别能力，没有自我防范和自我保护的意识，所以才会造成这次事故。经过分析，我认为造成这次事故的原因主要有以下几点。

(一)孩子好动，自身没有安全防范意识

大型玩具是卡住阳阳手的"元凶"。阳阳从楼梯走到滑滑梯处，看到头顶上有一个扶手，想去吊一吊，就把小手伸进扶手缝里面，再想把手取出来时，发现手已经被卡住，取不出来了。扶手与大型玩具之间有缝，但不是很宽。如果把手伸进去，不容易取出来。阳阳没有自我防范意识，没有意识到危险的存在。

(二)家长缺乏安全防范意识，看护不到位

阳阳每天下午放学，都会要求家长带着他在幼儿园玩耍一会儿才回家。有时需要老师提醒才会回家，玩耍时常常看到他在一边玩，奶奶在一边和其他家长闲聊，奶奶疏于看护，也没有意识到危险是随处存在的。

（三）家长溺爱幼儿，促使幼儿养成不良行为

从平时的交谈和观察中了解到由于阳阳爸爸、妈妈工作原因，不能照顾阳阳，阳阳从小到大几乎都是由奶奶照顾。奶奶又特别溺爱阳阳，什么事都依着他，因此养成了阳阳不喜被约束且做事随心所欲的习惯。

（四）教师对幼儿的安全教育还不够

虽然我们老师每天都在对幼儿进行安全教育，但是一味说教对幼儿没有产生良好的效果。教师还应该加强幼儿自我识别、自我防范、自我救护、自我控制等能力的培养，让幼儿学会自己排除危险。

三、教育策略

针对阳阳的事件，我们采取以下措施来预防类似事件的发生。

（1）树立家长正确的教育观。跟阳阳奶奶进行沟通，让奶奶了解一味地溺爱孩子不会给孩子带来好的发展。在日常生活中，正确引导孩子的行为，及时纠正错误行为和危险行为，告诉孩子危险行为会引发不好的结果。另外平时也请父母尽量抽出时间来陪伴阳阳，父母在孩子的一生当中是谁也不能代替的角色，对孩子性格形成也有至关重要的影响。

（2）加强幼儿的安全教育，将安全教育融入日常生活中。结合幼儿园的课程开展相应的安全教育主题活动，同时也结合节假日的安全教育和平时的安全提醒，引导幼儿习得自我识别、自我防范、自我救护等安全技能，增强安全意识。此外，我们还应该加强安全教育的工作，让孩子们远离危险物品，懂得几种自我保护的方法。在活动前，更应该根据活动的内容进行相关的安全教育，对于一些特别注意事项更应重点教育。如这次事件后教师就可以对全班幼儿进行及时的安全教育，引导幼儿不要把手伸进缝里面，了解将手伸进缝隙的危险。

（3）经常检查活动场地是否存在安全隐患。教师应遵循幼儿园的规则，定期定时检查各个幼儿活动的场地是否存在安全隐患，及时排除安全隐患。

（4）加强家长的安全意识。不定时地以各种形式对家长进行安全教育知识培训，让家长了解必要的安全防范知识以及简单的事故处理办法，让家长的心中有安全意识。比如，放学后请家长一定要看护好孩子，不能孩子在一边玩耍，家长在另一边做其他事。当孩子在做危险事情时，要及时阻止，引导孩子不做危险的事情。

四、教育效果

通过以上的措施，阳阳的奶奶在教育孩子的观念上有了一定的改观，不像以前那么溺爱阳阳。阳阳在幼儿园也不到处乱跑，愿意和同伴一起玩游戏。班上的其他家长也能做到放学后不做其他事，专心看护好孩子，同时不定期地对孩子进行安全教育。孩子们通过安全教育也知道一些基本的安全知识，也有一些基本的安全防范意识。

安全教育是生活教育，幼儿离不开生活，生活离不开安全教育。要想让幼儿生活得多姿多彩，我们教师一定要严把安全关，让幼儿在健康快乐中茁壮成长。

课程故事九：滑梯进行曲

王　琳　杨　玥

情　景　一

一、观察与描述

开学第一周，我带着小朋友来到幼儿园的操场上学习早操动作，有一个小朋友突然对我说，老师，我们等会儿可以去玩滑梯吗？看着小朋友渴望的眼神，于是我同意了，但前提是要先好好地练习早操动作。等早操动作学习结束后，我便信守诺言，邀请了所有的小朋友去玩滑梯，结果我看到的是孩子不排队，不按规则玩耍，打闹、推挤等现象。

二、分析与反思

教师在邀请孩子玩耍时，想着大班的孩子已经具备相应的规则意识，便没有提出相应的要求，结果孩子由于在假期中忽略了规则意识的养成，从而导致了相应的安全隐患。

三、教育策略

(1)加强幼儿安全教育，提升幼儿自我保护意识。
(2)注重幼儿规则意识的培养，以及活动前安全要求的强调。
(3)与家长交流、沟通，保持家园一致性。

情　景　二

一、观察与描述

第二周户外活动时间，我们再一次来到了幼儿园操场大型玩具面前。老师问："宝贝们，你们想再一次玩滑滑梯吗？"答案当然是都想玩，于是老师提出了相关问题："滑滑梯是怎么玩的？""玩的时候我们应该注意什么？"等孩子们通关成功并答应遵守承诺后，才请孩子们玩滑梯，通过上一次的经验总结，这一次的效果明显好转，大家都非常有序地从梯步上滑梯，再从上往下滑，也没有了之前的打闹。但在活动中途，我发现有好几位孩子都已满头大汗，也没有停下来休息，或是取汗巾垫背，都一股脑地玩耍着，不一会儿便有一个小朋友哭着告诉我说："老师，我的头不小心碰在了滑滑梯的扶手上面了。"

二、分析与反思

通过上一次游戏后老师及时的总结，孩子懂得了相应的规则和玩法，建立了一定的规则意识，能识别事物的危险性，知道哪些事可以做，哪些事不可以做，从而减少了活动中的安全隐患。但幼儿在自我服务和自我控制意识上还有待加强，不能根据自己身体的需要而进行自我服务，也不能根据情绪的反应而进行自我控制。

三、教育策略

(1)及时带领幼儿到保健室对受伤部位进行处理，并告知家长情况。

(2)加强幼儿自我服务及自我控制的培养，增加幼儿的自我保护意识。

(3)创设良好的安全教育环境，让幼儿掌握一些基本的生活技能，积累应对危险的技巧和方法，从而把生活习惯与自我保护相结合。

(4)调动幼儿的主动性、积极性，让孩子亲自参与到安全教育之中，发现身边的安全隐患。

(5)利用生动的生活和游戏活动，增强幼儿处理应急情况的能力。

四、教育效果

在经历了前两次活动后的调整，我们再来到幼儿园操场玩滑梯的时候，老师同样以提问的方式让小朋友们回忆相关的注意事项及规则，并告知幼儿在活动中要学会自我服务和控制，知道热了要脱衣物和垫毛巾，知道玩得高兴时，要控制好自己的情绪，保护好自己的身体，不要乱跑，避免安全事故的发生。在本次活动中，孩子们非常有序地排队等候，并按要求玩耍，做到不推不挤，热了主动把衣服脱在衣帽篮里，或是到老师处垫毛巾。上下滑梯的时候，也非常注意保护自己的身体，直至活动结束。

课程故事十：被保护的"安全"

王熙欧

一、观察与描述

案例一："老师，我害怕"

最近几天一直阴雨连绵，好不容易天放晴了。于是我们带孩子去户外场地走平衡木。孩子们听到能在户外游戏，兴奋不已。等我们把场地布置好，孩子们都跃跃欲试，张开双臂，走上平衡木。一个小男孩却躲在一旁。我问："你怎么不上去呢？"他说："我害怕，不敢上去。妈妈说，站高了会摔跤。"在我一次次的示范、鼓励下，他仍然没有突破自己，迈出脚站在平衡木上。对我而言，当时感觉很失败，没有让他体验到这次户外游戏的乐趣。对于小男孩而言，失去的是什么，收获的又是什么呢？失去的是没有和同伴游戏的乐趣？收获的是一次没有受伤的安全？

案例二：我的飞盘飞上树啦！

自由游戏时，孩子们选择了飞盘。有的孩子手臂一挥，就能把飞盘"飞上天"，再用手把飞盘一下子接住，就这样都能够让他们开心不已，成就感十足。有的把飞盘当轮胎，从起点出发滚动到终点。孩子们的玩法各异，自得其乐。这时，我看到几个孩子围在一起，似乎在讨论着什么。走近一看，原来是飞盘飞到树上，刚好卡在树枝里，掉不下来了。孩子们想到了各种办法，晃动大树、用长棍触碰、用其他飞盘去击落……可飞盘还是纹丝不动。我说，有没有人能爬树，我们可以爬到树上把飞盘取下来。可没有人会爬树，几个胆大的小朋友说，老师让我们来试一试。爬树的小朋友手臂环抱着大树，脚一弯一蹬，最终还是因为力气太小，以失败告终，孩子们就只能眼巴巴地看着飞盘留在树上。

二、分析与反思

在两个户外游戏的案例中，孩子们的表现可能是性格胆小所致，但我想胆小的背后还是因为成人的干预。为何会干预，因为成人要保护孩子，保护孩子不受伤，保护孩子不出事故。这样孩子才会是安全的。可安全是我们保护就能得到的吗？在幼儿园我们可以保护孩子，可当孩子不在我们的视线范围内，我们还能保护他们吗？安全，不是保护得来的，更重要的是孩子自己拥有自我保护的能力，能在危险来临之时识别危险，并躲避危险。因此，真正的安全，不是为孩子提供一个安全的环境去避开危险，而是要让他们在"危险"的环境中懂得去"冒险"，保护自己不受伤害，从而化险为夷。

三、教育策略

(一)具备区分"危险"和"冒险"的慧眼

我们身边很多安全事故都出自平时的户外游戏,孩子们在双脚跳、在走平衡木、在相互追逐打闹中开始了让我们"心惊胆战"的游戏。难免会有小朋友磕着绊着。面对这些情况,我们只能多观察,提醒孩子们在游戏时保护自己,并判断哪些对孩子来讲是具有挑战性但没有危险的"冒险",我们可以允许他们进行这样的"冒险"行为,因为只有经历了这些"冒险"行为,才能获得足够的能力去锻炼自己的体能,增强体质,从而保护自己。

(二)将"消极的环境"变为"积极的环境"

以前,我们总会说,要为孩子提供一个安全的环境。的确如此,让孩子们在一个安全的环境中学习和生活是十分必要的。可这并不等于将所有有危险因素的物品全部和孩子隔绝。我们做手工时用的剪刀、我们做游戏时用的弹珠、我们做运动时用的平衡木……这些都是孩子们所需要的,他们的生活中不能没有它们。因此,我们只能告诉孩子,怎样正确地使用它们,这样才能在使用中获得保护自己的能力,而不是永远不去触碰这些所谓的"危险"。

(三)解放孩子的四肢

在幼儿园的活动中,由于场地和人数的限制,我们可能没办法要求孩子们在户外肆意地奔跑。在家庭教育中,家长们具备了以上两点的安全观念后,我们大可以放手,让孩子在户外环境中去尽情地运动,提醒他们小心但不要害怕他们摔倒,在做好安全措施后,支持他们去攀登、去爬树,去做一些平常我们不能做的极限运动。他们只有经历了这些挑战以后,才会有应对危险的冷静和魄力。

保证孩子们的安全,涉及幼儿园和家庭两个群体,希望我们都能拥有一双善于发现的眼睛,让孩子们在具有挑战性的环境中去"冒险",在"冒险"中让自己变得强大,获得保护自己的能力,这样才能从根本上保护每一个孩子。

课程故事十一：幼儿的安全，我们来守护

商李美

一、观察与描述

这是一个发生在我身边的故事，可能也没有多轰动，但这是我们理论学习的一次实践活动，也是我职业生涯的第一次实操，意义对我来说非同凡响。

一天，刘老师像往常一样正组织孩子们进行餐前活动，孩子们也在谈论着刚刚游戏的事情。我在旁边整理文件，忙着自己的事情。秦老师正在整理孩子们的物品，曾老师刚给桌子消了毒，站在旁边协助刘老师。保健医生黄医生正在给其他幼儿园参观学习的老师讲解餐前活动的各种事项。这个时候，曾老师发现皮皮没有精神，马上喊皮皮。孩子没有回应，突然就倒在地上。我们发现皮皮的嘴唇乌青，脸也随即没有了血色，人也没有意识了。我们一下子反应过来这个孩子有高热惊厥史，马上按照我们平时培训的急救知识进行急救。首先把皮皮的头偏向一侧，保持呼吸道通畅。然后解开衣领，用勺子放在上、下磨牙之间，防止皮皮咬伤舌头。再用手指捏、按压皮皮的人中同时掐虎口，轻声呼喊孩子的名字。过了两分钟，孩子面色逐渐恢复正常，我们马上抱到保健室，给孩子进行物理降温。与此同时，我们及时准备车辆，护送幼儿赶去医院，并告知家长。因为我们的急救措施处理及时且正确，孩子经医生治疗后，意识也慢慢恢复正常。

二、分析与反思

《幼儿园教育指导纲要（试行）》中指出：幼儿园必须把保护幼儿的生命和促进幼儿的健康放在工作的首位。幼儿的安全是一切发展的保障，只有在幼儿生命健全的基础上才能保证其身心健康发展。教师除了平时注重对孩子安全意识的提高和安全技能的传授，还要掌握一定的突发事件急救技能，为孩子撑起一把保护伞。

三、教育策略

这件事情发生在我们小班的时候，当时孩子才入园。通过这件事，我觉得有以下几点是值得我们反思和注意的。

（1）切实做好班级幼儿档案记录。了解班级每一位孩子的个人情况，清楚幼儿是否有疾病史，以便对突发情况即时做出处理。

（2）确保家园沟通的流畅性。在后来的案例回顾时，我们才知道孩子入园前一晚在家有过发热症状，但家长并未及时告知老师。如若家长与老师进行了沟通和交流，了解清楚实际情况后，老师会特别关注孩子，发现异常情况可及时妥善解决。

（3）晨接活动的重要性。孩子早上来园时，观察孩子的精神面貌，是否有反常的动作

和语言，并对孩子在家的情况向家长进行询问，及时了解幼儿当天的健康状况。

(4)具备各项急救的技能和突发疾病的判断力。加强教师急救技能的学习和培训，在遇到特殊紧急情况时，教师首先要保持镇定，并能马上运用掌握的急救知识及时对孩子进行急救，为孩子的健康保驾护航。

四、教育效果

安全、健康，是人类生存的根本保障。生存、安全教育，是幼儿园素质教育的重要组成部分。对幼儿实施安全教育理当成为幼儿园保教工作的重中之重，在我们为孩子撑起安全这把保护伞的同时，急救技能掌握是十分必要的。在对幼儿进行安全教育、安全逃生技能传授的同时，我们教师急救技能的学习也不容忽视。当老师掌握了相关的急救技能，我们为孩子撑起的这把安全伞就会更牢固。

课程故事十二：调皮又可爱的枫枫

冷雪梅

一、观察与描述

情景一：

这天，我们刚喝完牛奶，小朋友们陆陆续续抬椅子到休息区，我正和休息区的小朋友一起玩手指游戏。妮妮从盥洗室哭着跑出来："冷老师，枫枫把我衣服打湿了！"我一看，妮妮的袖子还有胸前的位置全部打湿了。

情景二：

当天上午，户外运动结束后，男孩子先到盥洗室解便、洗手、喝水。不一会儿，康康跑过来跟我说，枫枫把他衣服打湿了。我一看，不止衣服湿了，康康的头发也是湿漉漉的，还在往下滴水呢！

情景三：

有一天早上空气质量不好，是重度污染；我们取消了当天所有的户外活动，操节活动在教室内开展。我们把桌椅都靠边，尽量给孩子们空出较大的空间进行操节活动。走跑环节时，枫枫未能跟着跑，自己跑到队伍外面，不小心碰到桌子摔了一跤。他自己站起来，小手捏成拳头，表情愤怒地朝桌子打过去。声音很响，他打了两下之后，自己站在原地使劲地攥着拳头，老师走过去安慰他，他依然很生气。

情景四：

一天早上晨间活动玩桌面玩具时。西瓜组的小朋友叫了起来："冷老师，妮妮哭了！"我走过去问妮妮怎么了，她哭着说："枫枫抢我的玩具，还打我。"只见枫枫笑嘻嘻站在一边不说话，我问枫枫："这个玩具是谁先拿到的呀？"枫枫开始不看我，也不跟我说话。但其他小朋友都说是枫枫抢了妮妮的玩具，枫枫不听，把玩具往地上一扔，跑开了。我跟着他，他笑得更开心了，像是在跟我玩游戏一样，边跑边笑还回头看我。

二、分析与反思

枫枫是一个规则意识较弱的男孩子，他的天性得到充分的保护，看得出来，只要是他感兴趣的，他就会去做，也不会考虑能不能这样做，而且就算老师告诉他不能这样做，他还是会选择不听，然后继续他的"快乐"行为。做错事情后，枫枫一般也不愿意跟朋友道歉，老师跟他说这样是不对的，你需要跟朋友道歉。他有时候会很懂事，马上跟朋友道歉，但有时他又会很倔，怎样都不愿意道歉，或者很大声地对朋友吼一句："抱歉！"就算他当时乖巧道完歉，但是转过身又忘记了，还会继续之前不好的行为。

在观察到枫枫一些行为习惯后，我们主动与枫枫妈妈沟通交流，了解到他上周末跟哥哥在家里玩水，两人互相泼水，把家里的床铺打湿了。可见枫枫将家里的经验带到了幼儿园。枫枫的自控能力较弱，他想要的东西一定要得到，如果别人不给就会抢，抢不过就动手打人、推人。这是典型的以自我为中心的小孩子，从与枫枫妈妈的交流沟通中我也了解到，平时在家妈妈的全部精力在辅导哥哥，枫枫一般自己玩耍，到睡觉时间了，妈妈才会照顾他，帮他洗漱。平时爸爸工作很忙，也很少陪伴枫枫。枫枫跟哥哥之间的玩耍一般也是哥哥逗弟弟，抢玩具或是打闹，枫枫在这样的情况下情绪就会很激动，而这种时候妈妈不能去安慰哥哥，不然枫枫还会更加暴躁。在家里，枫枫也经常跟妈妈和哥哥你追我跑，他会觉得很好玩。我们通过了解、分析，明确了枫枫这些行为背后的原因：家庭环境以及家庭教养方式导致他现在所有的行为习惯，所以我们需要家园共同配合，才能更好地帮助枫枫改变他的行为习惯以及性格特征。

三、教育策略

(一)注重教师感情的倾斜，理解孩子的情绪反应

将爱心倾注在教育活动中，这是"老生常谈"的事情，但的确至关重要。教师对"问题"孩子真诚的爱，是转化他们的第一剂良药。在对枫枫的教育中，关注孩子的情绪反应，理解孩子的攻击行为，是非常重要的措施。在对枫枫长时间关注与观察中，我发现枫枫这些无端的恶作剧、推撞别人是想引起老师和小朋友的注意，让大家都来关注他的情绪反应。如果老师总想着孩子的缺点，关注点肯定在孩子的错误上，这样孩子就越来越没有信心，产生逆反心理。作为教师，要提高自己的移情能力，学会欣赏、理解、宽容"有问题"的幼儿。经过分析，我认为他的攻击性行为主要是自我控制能力不强以及情绪的变化而表现出来的无意识行为。因此，我改变了对枫枫的态度，试着走近他，理解他，并常常和他拍照，对他表示关爱。当推人现象再一次发生时，我并没有指责他，而是帮助他，引导他向别的小朋友道歉："枫枫不是故意的，请你原谅他好吗？其实他是喜欢你，才碰到你。"枫枫的表现也因为老师态度的改变而改变，他第一次真诚地向别人道歉，不像过去一样若无其事，还学老师的样子，摸一摸别人撞疼的地方。这一细微的变化再一次证明了要真正理解孩子的重要性。

(二)引导孩子恰当表露宣泄情绪，帮助孩子在反复犯错中矫正

教师要理解他的内心需要和行为动机，掌握孩子的心理特点，同时宽容孩子，尊重他的个性，允许他暂时犯一些错误，然后耐心倾听他的心声。因此，我坚持与他交谈，鼓励他说出自己的想法，当他特别高兴的时候，将他拉到身边，抱抱他，请他谈谈今天有什么开心的事，和他共同分享快乐的事情。当他遇到不高兴的事情时，安抚他，帮助他疏导异常的情绪，使他愿意与老师和小朋友分享自己不高兴的事情。老师与孩子平等、细致地进行交流，老师和其他孩子的关爱使他的情绪有了合理的排解途径，从而一点点淡化他的攻击性行为。

（三）发现肯定孩子的闪光之处，树立榜样表扬鼓励

如果我们对孩子一味地赏识，如果取消批评，无原则进行"赏识教育"可能会对孩子的成长不利。问题不在于该批评还是该表扬，而在于面对孩子的具体问题时，我们要研究他缺乏什么，他更需要什么。

对于枫枫，每次他犯错误的时候，都少不了批评。在批评的同时，我们也不要放弃表扬。相对来说，他们受到的表扬要少一些。难道是他们没有值得表扬的地方吗？不是，是我们的偏见妨碍了我们发现他们的优点。所以对这样的孩子，要以表扬鼓励为主。

其次，要转移他的注意力来制止不良行为，然后通过故事教育法帮助他找出哪里对了，哪里错了，使其明白推挤别人的行为是不受别人喜欢的，培养他与同伴友好交往的意识，传授交往的技巧。

四、教育效果

枫枫很喜欢帮老师做事情，我会利用他的这一特点，经常请他做一些小事情，比如为小朋友分勺子、分点心等，他在为大家服务的过程中情感获得了极大的满足，小朋友开始将他视为能干的大哥哥了，开始接纳和喜欢他了。正面鼓励教育的方法使枫枫愉悦地接纳了老师的意见，不知不觉明白了道理，有意识地减少了情绪攻击性行为，帮助他树立了自信，维护了他在小朋友面前的良好形象，让他喜欢上了集体，也让大家喜欢上了他。

课程故事十三：安全使用剪刀

夏 娟

一、观察与描述

案例（一）

小溪来到美工区后，先拿了一把剪刀，拇指和食指套在剪刀把上，来回打开合上地把玩，她对璐璐说："我们来玩纸吧。"璐璐不想玩，于是离开。小溪左手从篮子拿了纸，右手拿着剪刀，站在桌子旁边开始剪纸。剪了一会儿，将剪刀放在桌上，也离开了。

案例（二）

小义来到桌子旁边，趴在桌面上，左手拿着剪刀说："我要剪一个爱心拿回家。"檬檬听到后跑过来，站在她旁边，说："我不会剪，你教我吧。""你看，是这样剪的，要先对折，然后在闭口的方向剪。"解说过程中，剪刀尖一直对着檬檬，而檬檬越凑越近。

案例（三）

小璟来到美工区，坐在凳子上后，先拿了一张纸，然后右手握着剪刀开始剪起纸来，她试图剪一个圆形，她的左手拿着纸没有动，右手拿着纸转弯，在快剪到手时，左手换一个位置，按之前的方法继续剪。

案例（四）

小恒坐到美工区后，先选了一把自己喜欢的颜色的剪刀，然后拿了一张红色的纸准备剪窗花，他一直把剪刀拿在手里，包括在折纸的时候，他也没放下手里的剪刀。问他为什么不先折纸再拿剪刀，他说："这是我的剪刀，他们要抢我的。"。

二、分析与反思

幼儿在美工区使用剪刀时会延续很多不安全的习惯，如拿着剪刀把玩、玩完剪刀后不收到篮子里、剪刀尖对着别人等。个别幼儿使用剪刀的方法不对，特别是刚刚学会使用剪刀的幼儿。如小璟在剪圆时，是拿纸的手不动，剪刀转弯，这样很容易剪到手。在平时的剪纸活动中，我教过孩子们正确使用剪刀的方法，如剪纸时，坐在座位上先折纸再剪纸，使用剪刀时，剪刀不动，纸动同时右手握剪刀等，也和孩子们强调剪刀不用或者递给别人时，应握住剪刀尖等。在提醒下，孩子们做得很好，但一旦开始自由游戏或者不提醒他们时，大多数孩子就会忘掉。

三、教育策略

（1）引导个别幼儿学会正确使用剪刀的方法。尽管大多数幼儿已经学会了如何正确使用剪刀，但个别能力较弱的幼儿还需要关注、加强指导，同时，请家长在家带领幼儿多加练习，熟练使用剪刀。

（2）养成正确使用剪刀的习惯。将班上对幼儿的要求告知家长，要求家长在家也督促幼儿养成良好的使用剪刀的习惯。

（3）活动前和幼儿共同回顾正确使用剪刀的方法和注意事项。

四、教育效果

大多数幼儿在美工区能坐在座位上，正确使用剪刀。大多数幼儿也会在不用剪刀时放回篮子里，在把剪刀递给别人时握着剪刀尖。孩子们用剪刀更熟练了，在老师的提示下，能注意剪纸活动中的安全。